Anton M. J. Kormann

Domprediger Dr. Johann Maier

ERINNERUNGEN
an einen
BLUTZEUGEN

„Ich sagte:
In der Mitte meiner Tage muß ich hinab
zu den Pforten der Unterwelt,
man raubt mir den Rest meiner Jahre.“

Jes. 38,10

Gesamtherstellung: Josef Kral Verlag, 93326 Abensberg
Umschlagbild (Dom): Josef Schiller
April 1995
ISBN 3-9804016-2-6

heilen, daß er gewaltig beunruhigte, um Frieden zu geben. - Wenn er spazierenging, hatte er Bildchen dabei für die Kinder, die auf ihn zugesprungen kamen. Besonders aber lag ihm die Glaubensstunde für die Studenten; die hatten seinen Schwung gern. -

In seinem Testament wünschte er sich, falls er in Regensburg sterbe, das Grab im Unteren Friedhof an der Seite des P. Dantscher SJ, des einstigen Spirituals im Klerikalseminar. Zur Stunde ist an der Stelle noch ein riesiger Bombentrichter. Nach Ostern soll die Leiche in die gewünschte Grabstätte überführt werden. Im Dom aber soll ein Denkmal sein Andenken wachhalten mit der Aufschrift (vom Hochwürdigsten Herrn Bischof selber verfaßt und vom Meister der Dombauhütte in Stein geschrieben):

„Eine größere Liebe hat niemand als diese, daß er sein Leben hingibt für seine Freunde. Joh. 15,13. Zur dankbaren Erinnerung an Hochw. Herrn Domprediger Dr. Johann Maier, der am 24. 4. 1945 sein Leben opferte für die Erhaltung der Stadt Regensburg. Als Apostel des Friedens bat er bei einer Volkskundgebung die damaligen Machthaber um die kampflose Freigabe der Stadt, weil eine Verteidigung aussichtslos war. Dafür wurde er zum Tod verurteilt und auf öffentlichem Platz durch den Strang hingerichtet. - Sein Mund ist zwar verstummt, aber seine Tat und sein Tod werden weiterpredigen."

Tuschezeichnung (von Josef Schiller): Der Blick nach Süden aus dem römischen Torbogen der Porta Praetoria fällt auf das Klerikergebäude, in dem Dr. J. Maier im 1. Stock links wohnte - buchstäblich im Schatten des Doms.

V. Dr. J. Maier im Kreis seiner Freunde

4. Dr. Maier, wie ich ihn sah – Dem Freunde[1]

von Dr. [theol.] J. [Johann] N. [Nepomuk] Foerstl, [Stiftskanonikus, 1881-1950]

Es war im Februar oder März 1939. Der liebenswürdigen Einladung des Herrn Regens Hiltl folgend, nahm ich gelegentlich teil an der abendlichen Rekreationsstunde der Seminarvorstände. Nun war eines Tages ein neuer Herr da, neben den ich zu sitzen kam: Herr Dr. Maier, bisher Spiritual am Strahlfelder Missions-Dominikanerinnenkloster, jetzt Repetitor für scholastische Philosophie. Wir fanden an dem ersten Abend aneinander Interesse und vereinbarten einen gemeinsamen Spaziergang an einem Mittwoch nachmittag. Die Unterhaltung war dabei so lebhaft und gewinnreich, daß wir diesen Wochentag als jour fixe bestimmten und ihn volle sechs Jahre bis zu Dr. Maiers allzufrühem Tode beibehielten.

Was band uns eigentlich trotz des starken Altersunterschiedes aneinander? Das Bewußtsein, daß wir einander komplementär waren, daß wir einander etwas zu geben hatten. Für mich war Dr. Maier das lebendige Repetitorium für alle Fragen der Theologie, der Dogmatik, in der er besonders stark war, der Moral, Exegese, Pastoral und Pädagogik.

Meist hatte ich auf meinem Schreibtisch einen Zettel bereit, auf dem ich während der Woche mich interessierende Fragen in Stichworten vermerkte, welche den Verlauf der oft recht lebhaften Aussprache vorzeichneten.

Was Dr. Maier von mir erwartet hatte, war eine Vermittlung meiner rund 40jährigen Erfahrungen im Priesterleben, in der sozialen Arbeit, als langjähriger Diözesanpräses besonders in der Jugendseelsorge. Gleichzeitig aber war ich sein Nomenclator, der ihm in Personalien meist jeden gewünschten Aufschluß geben konnte als alter Regensburger, der ich durch Jahrzehnte die gesellschaftlichen Verhältnisse der Stadt, die politische Entwicklung, die Personalien der im öffentlichen Leben stehenden Menschen gut kennenlernte und einen ansehnlichen Bekanntenkreis in den verschiedensten Gesellschaftsschichten mir erworben hatte. Bald genügte uns das wöchentliche Zusammensein für ein paar Stunden nicht mehr, und es wurden die Beziehungen immer wärmer und die Telephongespräche und gegenseitigen Besuche immer häufiger, was mir besonders wohltat und worin ich einen Beweis des feinen Empfindens, des dauernden Freudemachen- und Aufmerksamkeiten-Erweisen-Wollens erblicken durfte, war seine liebenswürdige Bereitschaft, mir interessante Besucher, die er empfing, auch zuzuführen. Und es waren nicht wenige ungewöhnliche Menschen, die ich durch Dr. Maier kennenzulernen das Glück hatte. Oder aber er lud mich zu einer Teestunde oder einem frohen Abend ein, wenn er in seinem schönen Heim Gäste empfing, zum Beispiel durchreisende ehemalige Germaniker, die heute in bedeutenden kirchlichen Ämtern stehen. Unvergeßlich ist mir ein Abend mit dem mir von meiner früheren Arbeit in der Caritas her bekannten, jüngst verstorbenen Rektor des Germanikums, P. Noppel SJ.

Nun gleich ein Wort über sein Heim

Der Blick jedes Eintretenden fiel auf den ungewöhnlich großen, fast die ganze Wand des länglichen Zimmers füllenden Bücherschrank, in dem die bedeutendsten und neuesten Werke der Theologie, auch bekannte Sammelwerke, wohlgeordnet und griffbereit sich aneinanderreihten. Wenn ich sage griffbereit, so geschieht dies mit Absicht. Denn hatte sich eine Aussprache, eine Unterredung angesponnen, da drehte er sich von seinem Sessel um und holte mit einem Griff ein Buch heraus, schlug auf und las irgendeinen Abschnitt oder eine Stelle vor, die seine Darlegungen illustrierte oder noch vertiefte. Im Hintergrunde seines mächtigen Schreibtisches war der Bücherschrank und auf der gegenüberliegenden Seite das Klavier. Wenn die Debatte etwas anstrengend geworden war, dann brach er sie ab und setzte sich an sein Instrument oder nahm seine geliebte Gitarre zur Hand und sang dazu ein frohes Lied. Wenn er mir eine besondere Freude machen wollte, dann sang er mir, dem alten Innsbrucker, das schöne, erst 1906 entstandene Lied vor: *„Auf dem Iselberge . . .“* Auch eine Flöte war zu sehen, die er aber, soviel ich weiß, seit seinen Mettener Gymnasial-jahren nicht mehr spielte.

Die Pflege der Musik war ihm ein besonderes Herzensbedürfnis, was ja verständlich ist, wenn wir uns daran erinnern, was in seinem Arbeitszimmer für schwere geistige Arbeit zu leisten war. Einmal, so erzählte er mir, hatte er in einer Woche zusammen 38 Stunden verbracht, um Ratsuchenden Gelegenheit zur Aussprache zu bieten. Ungezählte sind es gewesen in den 5 Jahren, die seine Wohnung im Bischofshof aufsuchten, schweres Leid und die kompliziertesten Familienangelegenheiten und persönliche Nöte zu ihm trugen; die aber auch entlastet und wieder frohgemacht und seelisch aufgerichtet von ihm voll Dankbarkeit schieden. Oft handelte es sich um Nichtkatholiken, auch um Angehörige der Wehrmacht, die durch Zufall - oder besser gesagt durch höhere Fügung - an einem Sonntag in den Dom kamen vielleicht zu dessen Besichtigung, die da seine Predigt hörten, nachher seine Wohnung erfragten und dort die Gedanken tiefer in sich aufnahmen und manches klären wollten und konnten, was er ihnen von der Kanzel aus in die Seele gelegt hatte.

Es ist nun leicht begreiflich, daß nach einiger Zeit so manche Regensburger Predigtbesucher Dr. Maier in ihre Familien einführen wollten. Solche Einladungen hätte er dutzendweise bekommen können, hat sie aber mit ganz wenig Ausnahmen grundsätzlich abgelehnt. Überhaupt war all sein Handeln vom Grundsätzlichen her maßgebend bestimmt. Sobald er die Möglichkeit sah, daß Menschen im Beichtstuhl zu ihm kommen würden, oder eben wußte, daß solche bereits sich seiner Seelenführung anvertraut hatten, dann wollte er mit ihnen, wenn irgendwie möglich, nicht mehr rein gesellschaftlich zusammensein. Obwohl Dr. Maier seiner Natur nach sehr gesellig veranlagt war, versagte er sich die Freuden edler Geselligkeit, um ja seine priesterliche Wirksamkeit nicht etwa dadurch in ihrer Wirkung abzuschwächen. Ich kenne nur einige ganz wenige Familien, in die er sich von mir einführen ließ und in denen wir dann immer gemeinsam erschienen; Familien, deren religiöses Interesse so stark und so offensichtlich war, daß Dr. Maier seine Bedenken sich zerstreuen ließ und sich sagen durfte, daß er beim Verlassen des Hauses die beglückten Gastgeber nicht ohne seelischen Gewinn zurückgelassen hatte.

Unerwähnt darf ich nicht lassen bei der Niederschrift meiner Erinnerungen an den teuren Toten, daß er, einmal gewonnen, mit Freude und regelmäßig teilnahm an den genußreichen Abenden eines seit fast zwei Jahrzehnten bestehenden Kreises. Er hat nicht bloß gehaltvolle und in die Tiefe wirkende Vorträge gehalten, sondern auch in den regen Ausprachen, die sich meist an die Darbietungen anderer Mitglieder des Zirkels schlossen, seine immer richtungweisenden

Gedanken ausgesprochen oder auch einmal gelegentlich korrigierend eingegriffen. Wie oft haben wir beide dann, wenn alles hochgestimmt auseinanderging, einander hin- und herbegleitet zwischen Bischofshof und Arnulfsplatz, um das geistige Erlebnis des Abends noch weiter auszukosten.

Dr. Maier wollte wirklich allen alles werden und sein. Er zog die Erwachsenen an und bot ihnen Rat und Trost. Sein Herz schlug aber auch warm für junge Menschen und für Kinder, auch für die Kleinsten. Eine harmlose Episode ist mir in deutlicher Erinnerung: Wir standen auf der vorderen Plattform der Straßenbahn und neben uns eine Mutter mit ihrem vielleicht 3-4jährigen Kinde. Plötzlich nahm Dr. Maier in seiner temperamentvollen Weise dieses Kind, hob es zu sich empor und behielt es längere Zeit auf seinem Arm und plauderte mit ihm mit der Herzlichkeit der eigenen Mutter. Wenn größere Kinder ihm auf dem Wege begegneten, sprach er sie gern an, zog sein Bildertäschchen heraus und verschenkte Andachtsbildchen; aber nicht ohne dem Kind das Versprechen abzunehmen: *„Heute mußt du für mich noch ein Vaterunser beten, aber andächtig!“*

Schulkinder, deren Katechet er in der Klarenanger- und Pestalozzischule war, gingen immer mit leuchtenden Augen auf ihn zu, wenn sie seiner in den Straßen der Unteren Stadt ansichtig wurden, Oberschüler, denen er Glaubensstunde hielt in der Sakristei von St. Anton und von St. Jakob, lud er in die Wohnung ein zu angeregter Aussprache. Ein Streichquartett solcher Oberschüler ließ er in seinem Arbeitszimmer musizieren und freute sich an deren Spiel. Oberschülerinnen des Städtischen Mädchenlyzeums gab er mehrere Monate hindurch aushilfsweie Religionsunterricht und gewann deren Herzen im Sturm. Daß die Lehrkräfte, mit denen er während der Pausen und Zwischenstunden im Lehrerzimmer in Berührung kam, einschließlich der evangelischen Geistlichen, bald von seiner Persönlichkeit starken Eindruck bekamen und tiefergehende Aussprachen mit ihm suchten, sei nur nebenbei erwähnt.

Was den weitgreifenden seelsorglichen Einfluß bei ihm so sehr unterstützte, war seine beträchtliche Kenntnis der neueren Sprachen, die sich anzueignen er in Rom ganz besonders günstige Gelegenheit hatte. Daß er italienisch sprach, wo er volle 6 Jahre in Rom lebte, ist selbstverständlich. Aber am meisten entwickelt war seine Kenntnis des Spanischen. Ausländer suchten ihn wiederholt auf, und ich erinnere mich, daß ein Feldgeistlicher der spanischen „Blauen Legion“ aus Grafenwöhr ihn besuchte und ihm natürlich viel Interessantes von seinem Heimatlande erzählte. Auch als Übersetzer betätigte er sich. So war ein kleines, aber bedeutendes aszetisches Schriftchen, das er aus dem Französischen übertrug und gelegentlich an seine vielen Bekannten verschenkte. Es trug den Titel: *„Das Partikularexamen“*. Der Verlag Habbel überwies ihm gelegentlich fremdsprachliche neue Bücher und Broschüren zur Begutachtung für eine eventuelle Übertragung ins Deutsche. Aus seinen Bücherreihen leuchteten einem die blauen Wörterbücher von Langenscheidt entgegen, die ihm unentbehrlich waren.

Sein größter Schatz, an dem sein Herz wirklich hing, sein Bücherschrank, offenbarte jedem Beschauer die Spannweite seiner geistigen Interessen. Die wichtigsten Randgebiete und Hilfswissenschaften der Theologie waren vertreten. Es fanden sich aber auch Werke der Belletristik und nicht nur der katholischen; er las sie, freilich sparsam, teils zur Entspannung nach anstrengender, geistiger Arbeit, ganz besonders aber in der Absicht, sich Einblick zu verschaffen in die geistige Welt der heutigen Menschen, welche vielfach aus Leihbibliotheken in großem Umfang ihre literarische Kost beziehen. Ich nenne nur Fontanes *„Effi Briest“*, Ludwig Thomas *„Ruepp“* und Lena Christ, Bücher, die er unter diesem Gesichtspunkt gelesen hat. Er wußte eben, daß diese Autoren und ähnliche auch in katholischen Kreisen zu finden sind. Aus demselben, wiederum rein seelsorglichen Motiv verschmähte er es auch nicht, bedeutende Filme anzusehen, solang ein Verbot des Kinobesuches für Geistliche nicht erlasssen war. Auch dem Theater brachte Dr. Maier großes Interesse entgegen. Wenn ein beachtenswertes Werk zur Aufführung kam, so genoß er dasselbe mit lebendigster Anteilnahme.

Wenn ich schon oben darauf hinweisen konnte, daß er ausübender Musiker war, so darf ich ergänzend erwähnen, daß er nicht leicht hochwertige musikalische Veranstaltungen im Konzertsaal sich entgehen ließ. In einer Stadt mit solch hochentwickeltem Musikleben wie Regensburg kam er wirklich auf seine Rechnung. Bald ließ er sich in den um das Musikleben der Stadt so hochverdienten Musikverein aufnehmen. Wenn er nicht dringend verhindert war, erschien er regelmäßig in dessen Konzerten im Neuhaussaal. Daß er als Priester für die Kirchenmusik wärmste Anteilnahme bekundete, besonders für die Darbietungen des Domchors in- und außerhalb der Kathedrale, darf ich nicht unerwähnt lassen. Auf Einladung des Herrn Domkapellmeisters Prof. Dr. Schrems besuchte er im Herbst 1944 das Landheim der Domspatzen in Etterzhausen und ließ sich frohe Lieder vorsingen. Wir verließen aber die junge Schar nicht, ohne daß er in einer packenden Ansprache den Knaben auch einige zündende religiöse Gedanken gegeben hätte, die sicher, wie man es ihnen an den Augen ablesen konnte, guten Boden fanden.

Ein Wort über Dr. Maiers Verhältnis zur Kunst

In der Ewigen Stadt hatte er als junger Theologe alle ihm dort so reichlich gebotenen Möglichkeiten ausgenützt, die Kunstwerke der Antike und der Renaissance, der kirchlichen und profanen Baukunst und die bedeutendsten Werke der Malerei und der Plastik der Vatikanischen Sammlungen aus eigener Anschauung kennenzulernen. Mit dem dort geschulten und geschärften Auge kam er in die Heimat zurück und freute sich in Regensburg über alles, was hier, freilich in viel viel kleinerem Ausmaße, geboten werden konnte. Besondere Freude machte ihm der Abguß einer im Dom stehenden „Heimsuchung", die er in gleicher Größe in seiner Wohnung aufgestellt hatte. Ebenso hing er an der Reproduktion einer kleinen Plastik, darstellend eine Äbtissin von Niedermünster.

Vielen seiner Bekannten, Schülern und Schülerinnen, oft auch deren Angehörigen, bereitete Dr. Maier meist an schönen Sonntagnachmittagen einen großen Genuß und nachhaltige Freude durch seine Domführungen. Er gab aber dabei nicht nur rein kunsthistorische Erläuterungen, wie sie in jedem Baedeker stehen oder wie man sie im „Walderdorff" hätte nachlesen können, sondern ganz bewußt flocht er in seine Erklärungen kirchengeschichtliche Exkurse und apologetische Gedanken ein, z. B. wenn er die Erzplastik des Hochgrabes des bayerischen Prinzen, Fürstbischof Philipp Wilhelm, gestorben 1598, zeigte (es stand früher im Mittelschiff des Domes gegenüber seiner Kanzel). Da erhielten die Teilnehmer Einblick in die geistige Welt der Gegenreformation und lernten die Zustände der damaligen Zeit in neuem, klarerem Lichte sehen.

Nicht bloß der Kunstgeschichte gehörte Dr. Maiers Interesse, sondern auch der Kunst von heute und den lebenden Künstlern. Die von Zeit zu Zeit abgehaltenen Ausstellungen des Kunst- und Gewerbevereins besuchten wir immer gemeinsam, und sicher hätte er sich gefreut, wenn er die jüngste Ausstellung der Regensburger Künstler im Herbst 1945 noch hätte genießen können. In seiner nächsten Nachbarschaft arbeitet hoch oben im Turm der Apotheke der Maler Guntram Lautenbacher. Zu ihm stieg er hinauf, um den Künstler mitten in seiner Welt und unter seinen fertigen und begonnenen Werken zu sehen und zu ermuntern. Eine besondere liebe Überraschung war für ihn ein ganz ausgezeichnet gelungenes Bild des hl. Albertus Magnus, den er so sehr verehrte. Der Künstler gab es ihm als Geschenk, und es nahm dann in seinem Arbeitszimmer einen ganz günstigen Platz ein. An seinem Arbeitstisch saß er demselben immer gegenüber und wurde so dauernd erinnert an seinen großen Lehrer, aus dessen Werken er vor Jahren schon ein demnächst erscheinendes „*Florilegium*" (Lesefrüchte) zusammenstellte.

Wenn ich so zwanglos meine Erinnerungen an meinen toten Freund niederschreibe, so kann ich hier eine Äußerung von ihm hinsichtlich seines geistigen Werdeganges einfügen, die für ihn bezeichnend ist. Geistig fühlte er sich als der Gefolgsmann dreier großer, um die Kirche hochverdienter Ordensstifter. Seine Gymnasialzeit verbrachte er bei den Benediktinern in Metten. Seine theologische Ausbildung erhielt er an der Gregorianischen Universität und im Germanikum, die beiden von den Jesuiten geleitet sind, und für seinen Predigtberuf wählte er sich als Vorbild Meister Albertus Magnus, die Leuchte und Zierde des Dominikanerordens, dem er während seiner kurzen Tätigkeit als Spiritual in Strahlfeld sich als Terziar angliederte, wobei er den Ordensnamen Bruder Albert wählte. Mit dieser originellen Einstellung zu den drei genannten großen Orden ist eigentlich schon ein Hinweis gegeben auf seinen äußeren Bildungsgang. Ich habe weder die Absicht noch die Aufgabe, eine Biographie zu schreiben und will nur schlicht berichten, was ich von ihm selber im trauten Verkehr erfuhr.

Dr. Maier ist geboren als Bauerssohn in der Pfarrei Loizenkirchen im Jahre 1906. Wegen seiner außerordentlichen Begabung, die offenbar schon während seiner Volksschulzeit auffiel, wurde er zum Studium nach Metten gebracht, wo er die neun Gymnasialjahre abschloß mit einem ausgezeichneten Absolutorium. Nach demselben trat er in das hiesige Priesterseminar ein, aber nach drei Semestern teilte ihm sein Regens mit (er selbst hatte nicht daran gedacht oder so etwas angestrebt), daß er ins Germanikum nach Rom geschickt werde. Es ist dies die berühmte Priestererziehungsanstalt, die von Petrus Canisius im 16. Jahrhundert gegründet wurde zur Heranbildung eines vorbildlichen Priesternachwuchses für Deutschland. Sechs Jahre hörte er dort die bedeutendsten Professoren verschiedener Nationalitäten an der Gregorianischen Universität, die von den Theologen der großen Nationalkollegien besucht ist und wohl als die berühmteste theologische Lehranstalt der Welt bezeichnet werden muß.

Wie in vielen Priesterseminarien es üblich ist, so schlossen sich auch die Alumnen des Germanikums zu einer Akademie zusammen zum Zweck der Veranstaltung von Festfeiern, Vorträgen mit musikalischer Umrahmung. Offenbar trat Dr. Maier damals schon stark hervor, denn er wurde zum Präsidenten dieser Akademie gewählt. Seine Aufgabe war es, die Ehrengäste zu solchen Festfeiern einzuladen, und so kam er mit den bedeutendsten Persönlichkeiten in Berührung, die dauernd oder gelegentlich in Rom weilten. Es waren Kardinäle und andere hohe Würdenträger, die dem Hause nahestanden, es waren deutsche Bischöfe, die zum Papstbesuch *ad limina* nach Rom kamen, es waren Männer des öffentlichen Lebens aus Deutschland, die als Pilger dort weilten und dann auch dem deutschen Kolleg ihren Besuch machten, wie ein Dr. Sonnenschein, Prälat Kaas, Reichskanzler Wirth und andere. So hatte der junge Germaniker einmal den ehrenden Auftrag, den Kardinalstaatssekretär Pacelli einzuladen; dieser fand offenbar an ihm Gefallen und Interesse, das er dadurch zum Ausdruck brachte, daß er ihn als Kurier im Flugzeug nach Berlin schickte.

Einen alten Bekannten aus der Zeit des Germanikums konnte Dr. Maier zur beiderseitigen Freude vor einigen Jahren in Regensburg begrüßen. Es war der vor kurzem im Krankenhaus hochbetagt verstorbene General der Barmherzigen Brüder, Pater Narzissus Durchschein. Er war Hofapotheker bei drei Päpsten gewesen und hatte volle dreißig Jahre in Rom gelebt. Wenn wir unsere regelmäßigen Spaziergänge einmal in Richtung Prüfening machten, dann wollte Dr. Maier nicht gern am Krankenhaus vorübergehen, ohne den Pater General kurz begrüßt zu haben. Als stiller Zuhörer erfuhr ich bei diesen Besuchen viele denkwürdige Erlebnisse dieses seltenen Mannes. Dr. Maier hielt dem P. General die Festpredigt anläßlich seiner 40jährigen Ordenszugehörigkeit.

Wie sehr sein Herz am Germanikum hing, zeigte er im Sommer 1943, wo zehn Jahre vergangen waren, seit er in Rom zum Priester geweiht wurde. Er lud sämtliche in Deutschland wirkenden ehemaligen Germaniker ein, hier in Regensburg ein Conveniat zu feiern mit Exerzitien, abgehalten von P. Lotz SJ und anschließendem geselligem Beisammensein während zweier Tage. Mit viel Mühe, Sorge und Kleinarbeit, aber glänzendem Erfolg hat er dieses Treffen in die Wege geleitet und zur großen Befriedigung aller Beteiligten durchgeführt. -

Am 27. Oktober 1933, in dem denkwürdigen Jahr, da in Deutschland große Umwälzungen vor sich gingen, feierte Dr. Maier in Gegenwart seiner glücklichen Eltern, die er zu einer Pilgerfahrt nach Rom aus diesem seltenen Anlaß eingeladen hatte, das erste hl. Meßopfer. In die Heimat kehrte er auf einem großen Umweg zurück. Um seinen Gesichtskreis noch mehr zu erweitern, machte er eine große Reise quer durch Westeuropa, fuhr von Holland aus zu Schiff nach Hamburg, besuchte die großen katholischen Zentralen Norddeutschlands und trat nun in die praktische Seelsorge ein.

Sein erster Posten war Pfarrprovisor in Wiefelsdorf bei Schwandorf, dann kam er als Pfarrprovisor nach Fichtelberg, danach als Kooperator nach Weiden an die neue Herz-Jesu-Kirche. In den damals anhebenden Weltanschauungskämpfen, besonders auf dem Gebiet der Schule, trat er bald als Führerpersönlichkeit in Erscheinung auf der Kanzel, aber auch durch persönliche Beratungen, zu denen man ihn gern im Pfarrhaus aufsuchte.

Eine ganz anders geartete, aber ihn auch sehr befriedigende Tätigkeit tat sich dann auf, als er in die Stille des Klosters von Strahlfeld übersiedelte. Als Spiritual konnte er im Kreis der Schwestern und Schülerinnen in wenigen Monaten vielen ein sicherer Seelenführer sein und steht dort noch in recht lebendigem Andenken. Eine Anzahl Strahlfelder Schwestern war in der Kriegszeit im Frauenkrankenhaus der Barmherzigen Brüder verwendet; groß war jedesmal die Freude, wenn solche in den Gängen Dr. Maier erblickten und ein ermunterndes Wort von ihm zu hören bekamen.

Zu Beginn des Jahres 1939 rief ihn sein Bischof ins hiesige Priesterseminar als Repetitor für scholastische Philosophie, wie oben schon erwähnt. Bei dieser Tätigkeit war er nun wirklich in seinem Element und hing an derselben mit ganzem Herzen. In seinem Nachlaß ist ein Manuskript zu finden von einer Einführung in das

Studium der Theologie, die besonders dankbar von seinen Hörern entgegengenommen wurde. Wie oft erzählte er mir, daß seine durch den bald beginnenden Krieg in alle Welt zerstreuten Hörer ihn im Urlaub besuchten oder aus dem Felde brieflich ihre Dankbarkeit für seine in den Vorlesungen gegebenen Anregungen und wertvollen Weisungen aussprachen.

Im Seminar und auch nach seiner Übersiedlung in den Bischofshof pflegte er besonders herzliche Beziehungen mit dem leider 1943 ihm in die Ewigkeit vorausgegangenen edlen und so gütigen P. Dantscher, in dessen Verehrung wir beide uns einig waren. Wie sehr er ihn schätzte, zeigt der Vermerk in seinem Testament, daß er einmal neben dessen Grab seine Ruhestätte finden möchte. Dieser Wunsch wird nun schneller verwirklicht, als er dachte.

Die Tätigkeit Dr. Maiers im Priesterseminar war von kurzer Dauer und beendet, als er durch das Vertrauen des Hochwürdigsten Herrn Bischofs zur Übernahme der Dompredigerstelle berufen wurde zu Beginn des Jahres 1939. Sechs Jahre lang stand er Sonntag für Sonntag zweimal auf der Domkanzel und wirkte nun nicht mehr bloß im begrenzten Raum des Hörsaales, sondern auf die breiteste Öffentlichkeit. Sein Ansehen wuchs zusehends, und der Kreis seiner Zuhörer wurde immer umfangreicher.

Da kam der *„dies ater“* [Unglückstag], Montag, der 23. April 1945. Als Ausgebombter genoß ich damals die so liebe Gastfreundschaft im Priesterseminar. Zwischen 4 und 5 Uhr verließ ich das Haus, um am Oberen Friedhof teilzunehmen an der vorgesehenen, aber dann nicht durchgeführten Beerdigung des bei einem Angriff getöteten Direktors Dr. Bernreiter von der Deutschen Bank. Ich hatte mich schon nach rechts gewendet und sah so nicht, wie Dr. Maier vom Bismarckplatz her hastigen Schrittes der Seminarpforte sich näherte. Er rief mich an und forderte mich auf, sicher heute Abend 6 Uhr mich einzufinden bei einer Kundgebung, die auf dem Moltkeplatz stattfinden sollte. Auf meine Frage, wer sprechen würde, sagte er zu meinem großen Erstaunen: *„Ein SS-General; und zwar wird er sprechen für die Freigabe der Stadt.“* Ich sagte zu, wir trennten uns rasch, und Dr. Maier verschwand im Seminar und ich eilte zum Friedhof. Das war unsere letzte Begegnung.

Gesehen habe ich ihn nur mehr von weitem bei dieser denkwürdigen Kundgebung. Die Massen, die dazu erschienen waren und trotz des Alarms ausgehalten hatten, schoben sich vom Moltkeplatz hinunter zur Klarenangerschule. Als ich die Bogen des Neuen Rathauses durchschritten hatte, sah ich von weitem Dr. Maier, der eben eine Luftschutzlamelle bestiegen und zu reden begonnen hatte. Aber fast im selben Augenblick war er schon wieder gewaltsam heruntergeholt. Er verschwand zunächst für mich in der Menge. Es dauerte aber nur einige Minuten, da führten oder vielmehr stießen und schoben sie ihn in der Richtung zur Polizeidirektion und er war meinen Blicken für immer entzogen, ohne daß ich mich noch durch die Menge hätte durchdrängen und ihm nähern können.

Als ich am anderen Morgen früh vom Seminar nach St. Leonhard ging, um zu zelebrieren, rief mir im Vorbeifahren vom Rade aus Herr Dompfarrkooperator Kaiser zu, daß Dr. Maier am Moltkeplatz aufgehängt sei. Ich war tief erschüttert, hatte aber einen schlimmen Ausgang aufgrund der abendlichen Ereignisse erwartet. Am Dienstag abend war die Leiche entfernt worden. Am Mittwoch vormittag wußte niemand, wohin sie gebracht worden war. Eine Anfrage der Haushälterin Fräulein Schubert in den Räumen der Gestapo war ergebnislos geblieben, wie sie mir berichtete, da sie sämtliche Büroräume verschlossen und die Namensschilder der Beamten entfernt fand. Schuldbewußt hatten diese schon das Weite gesucht.

Durch einen Zufall erfuhr ich am selben Vormittag im Luftschutzkeller des Seminars während eines Alarmes Sachdienliches. Neben mir stand der Leichenträger, Herr Bachmeier vom Bestattungsamt und sprach mich an: *„Heut' habe ich den Dr. Maier gesehen. Er liegt am oberen Friedhof in der Schupfe.“* Nun hatte ich eine Spur. Nach dem Alarm um 11 Uhr begegnete ich vor dem Pfortenzimmer des Seminars Herrn Kooperator Seitz von St. Emmeram, einem Kurskollegen von Dr. Maier, und wir waren in wenigen Minuten einig, daß heute noch die Bestattung erfolgen müsse, da ja mit einem Einmarsch der Amerikaner in die Stadt stündlich zu rechnen war und dann vielleicht der Friedhof für uns auf Tage nicht mehr erreichbar [sein] würde.

Nun war damals die große Schwierigkeit die Beschaffung eines Sarges. Ich bot mich an, diese Aufgabe zu übernehmen. Freilich sollte derselbe bereits um 5 Uhr auf dem Friedhof bereit sein, da die russischen Kriegsgefangenen nachher nicht mehr zur Verfügung gestanden wären. Von einer Schreinerwerkstatt zur anderen ging ich: Überall

Abweisung oder verschlossene Türen. Es war bereits 4 Uhr vorüber, auf dem Herrenplatz stellte ein Posten, als ich vorüberkam, die ersten Amerikaner auf dem Dreifaltigkeitsberg fest. Dem neben dem Posten stehenden und mir als Nachbar bekannten Finanzrat Klein machte ich Mitteilung, daß ich auf der Suche sei nach einem Sarg für Dr. Maier. Ich dachte nicht mehr an das Gespräch; es verging aber kaum eine Viertelstunde, da suchte er mich in der Leonhardianstalt auf und wies mir einen gangbaren Ausweg aus der großen Schwierigkeit. Ein Bekannter von ihm sei heute morgen beerdigt worden, und zwar im Grabe des Bruders. Dasselbe sei aber zu wenig tief geworden, um einen zweiten Toten noch aufzunehmen, und so habe man ihn hineingelegt ohne den Sarg. Dadurch sei dieser verfügbar.

Nun schien die Sache gewonnen. Herr Kooperator Seitz verständigte unterdessen den anderen Kurskollegen, Domvikar Böhm. Die Haushälterin Fräulein Schubert trafen wir, scheinbar zufällig, in der Kumpfmühler Straße und bewogen sie und ihre Begleiterin zum Umkehren und eilten nun zum Friedhof. Zwei Geistliche und zwei Frauen waren die einzigen, die dem teueren Toten die letzte Ehre geben konnten oder vielmehr wollten. Schon zogen ein paar Kriegsgefangene auf einem kleinen Wagen den Sarg zur Leichenhalle, da beginnt die Artilleriebeschießung, wenige Minuten nach 6 Uhr. Wir nehmen unsere Räder und wollen uns in Sicherheit bringen. Beim Justizpalast angekommen, merken wir, daß die Beschießung aussetzt.

Mit Herrn Kooperator Seitz kehre ich nochmals zurück zum Friedhof, um doch noch die Bestattung zu ermöglichen. Wieder sind wir oben und wieder fangen die Granaten in nächster Nähe zu krachen und zu platzen an. Wir können uns nicht halten und suchen Unterschlupf im Luftschutzraum des Karmelitenklosters hinter der Theresienkirche. Derselbe ist gefüllt, und hier kann unseres Bleibens für die Nacht und vielleicht für weitere Tage nicht sein. Rasch entschlossen besteigen wir unsre Räder in einer Feuerpause, und in rasender Fahrt erreiche ich während wiederholter Einschläge um mich das Seminar.

Die Amerikaner waren am Freitag vormittag einmarschiert, und nachmittags 14.30 Uhr konnte nun unbehindert die provisorische Beisetzung in der Gruft an der Südwestecke des Friedhofes vollzogen werden, nachdem der Tote noch in der Leichenhalle von zwei geistlichen Hausgenossen mit Priestergewändern bekleidet worden war. Ein letzter Blick auf die Leiche zeigte, daß die Augen offen waren, die Zunge zum Teil vor den Lippen, und ein wulstiger Striemen, schräg um den Hals verlaufend, bekundete, daß der Tod durch Erhängen eingetreten war. Nur einige wenige Personen, die Kenntnis erhalten hatten, und Priester bildeten den traurigen Leichenzug und umstanden das Grab, an dem Domvikar Böhm einige wenige Worte des Abschiedes sprach.

Damit war die erschütternde Tragödie des Opfertodes unseres Dompredigers zu Ende. Die Stadt hat ihren Retter und Befreier verloren, die Diözese ihren Domprediger und ich den edlen, treuen Freund, der mir in wenigen Jahren so viel gegeben und bedeutet hatte.

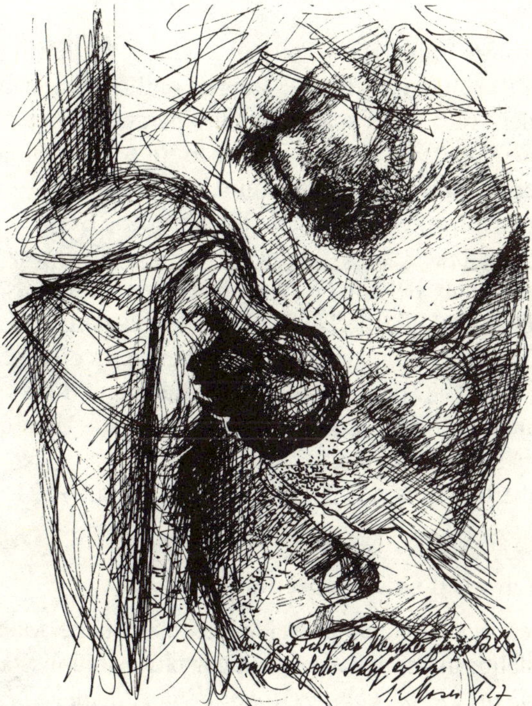

Federzeichnung von Gymn.Prof. Viktor Stürmer, vormals 93152 Undorf, „Und Gott schuf den Menschen ihm zu Bilde, zum Bilde Gottes schuf er ihn. 1 Moses 1,27."
Bildnachweis: Gerda Stürmer-Bares, Hirschhaid; A.K.

VI. Dr. J. Maier im Kreis seiner Schüler und Verehrer

(Erinnerungen und Zeugenaussagen)

A. Dr. Maier als Mensch

1. Seine Jugend zu Hause: Er war anders als die anderen

„Sein Vater Andreas Maier hatte, als Johann noch ein Kind war, einen Bauernhof in [84163] Marklkofen gekauft, in dem sich früher die Posthalterei befand. Die fromme Mutter hielt während der Zeit von Volksfesten und wenn im gegenüberliegenden Bahnhof Betrieb herrschte, die Kinder davon ab, aus dem Haus zu gehen. Der fromme Vater betete während der Bauernarbeit und sogar beim Ausmisten im Stall.

Johann wurde als Kind wegen seiner rötlichen Haarfarbe *„Hehnerhund“* genannt. Wie alle Jungen raufte auch er und brachte seinem Bruder Franz, dem späteren Schreiner, eine Wunde an der linken Oberlippe bei, deren Vernarbung noch im Alter sichtbar blieb. Da setzte es auch schon einmal Strafen durch die Eltern ab.

Es stimmt, die Mutter betrachtete ihn als etwas Besonderes und behandelte ihn entsprechend, etwa indem sie ihm Speisen zuschob, die die anderen nicht bekamen. Während des Studiums [Metten?, Philosophisch-Theologische Hochschule Regensburg] aß er nicht mit der Familie, sondern im guten Zimmer nebenan. In dieser Stube hängt noch heute [ca. 1982] sein Photo als Student und das der Eltern. Immer wenn er nach Hause kam, war etwas Besonderes um ihn, und er war anders als die anderen.“

(A. K., Überlieferung aus der Familie Maier; ca. 1982)

2. Ich werde nie ein berühmter Mann

[Dr. Maier sagte einmal zu seiner „Kloster“tante Mabilia Maier, Handarbeitslehrerin bei den Armen Schulschwestern in Stadtamhof:]

„Ich werde nie ein berühmter Mann; denn 1. heiße ich Hans, und 2. Maier.“

(Schwester Edeltraud Silberbauer, in einem Brief an A. P., A.P.-A., o.J.)

3. Sein Arbeitszimmer

„Rechts an der Wand hing der ihm vom Bey von Tunis verliehene Ehrendolch, daneben der mit Tusche plakativ geschriebene, als Kunstdruck hergestellte eingerahmte Spruch, dem er offenbar nachleben wollte:

Das seynd [sind] *die Starken im Lande,*
die unter Tränen lachen,
ihr eigen Leid vergessen
und andern Freude machen.

Er zeigte uns auch kalligraphische Blätter, die ihm Studenten geschenkt hatten.

Der Türe gegenüber gab das Fenster den Blick nach Westen frei auf den Innenbereich des Bischofshofs. Rechts hinter der Zimmermauer mußte sich in unmittelbarer Nähe der Torturm des römischen Quaderbaus der Porta Praetoria befinden."

(A.K., ca. 1944)

4. Sein Alltag

„Angefangen vom Aufstehen in der Frühe bis zum Essen, das pünktlich sein mußte, ging alles nach der Uhr mit jesuitischer Strenge. Wie lange er abends aufblieb, entzieht sich meiner Kenntnis; mir empfahl er, mich immer zu einer bestimmten Zeit zur Ruhe zu legen und beredete es, wenn ich es nicht tat.

Und dann waren da ja auch immer seine Besucher."

(G.S., ca. 1952)

5. Die Gunst der geistigen Arbeit

„Es ist doch ein Unterschied, ob es einem beschieden ist, geistig arbeiten zu dürfen, oder ob man Latrinenarbeiter ist, obwohl damit nichts gegen die Würde auch einer solchen Arbeit gesagt sein soll."

(A.K., ca. 1943)

6. Hundsgemeine Trägheit

„Ich habe bald nach dem Mittagessen zu studieren versucht und an meiner Trägheit gemerkt, was man an Hundsgemeinem überwinden

muß.“ (A.K., ca. 1944)

7. Uomo universale

„Man muß etwas vom uomo universale [Mensch, der vielseitige Begabungen aufweist] *haben.“*

(A.K., ca. 1944)

8. Ein reizender Mensch

„Der akademische Maler Guntram Lautenbacher, dessen Atelier Dr. Maier gelegentlich besuchte, urteilt: „Dr. Maier erhielt in Rom eine jesuitische Erziehung. Persönlich war er ein reizender Mensch.“

[Lautenbacher malte ein Bild, das die stürzenden Domtürme im Sturm der Apokalypse zeigt, ganz im Sinne von Dr. Maier. Ob Lautenbacher von Dr. Maier angeregt wurde, ist unbekannt.]

(A.K., 1953)

9. Musikliebhaber

[Dr. Maier spielte viele Instrumente: Geige, Flöte, Trompete, Gitarre und Klavier.]

„Er sang tagsüber oft, auch mit Gitarrebegleitung.“

(G.S., 1952)

10. Sich wie eine Kerze verzehren

„Wie eine Kerze brennen: sie brennt und erlischt doch nicht, sie verzehrt sich und schöpft dabei aus ihrem eigenen Bestande.“

(A.K., ca. 1944)

11. Den Menschen helfen

„Dr. Maier, der ja kein großes Gehalt bezog, gab mir einmal aus einem besonderen Anlaß eine eher schlichte Spruchkarte mit dem Bemerken, der Ausspruch sei sein Wahlspruch, er stamme vom Rembrandtdeutschen, dem Konvertiten Julius Langbehn. Er lautete: *„Tag und Nacht sinn' ich daran, wie ich den Menschen helfen kann.“*

(G.S., 1952)

12. Allen alles werden

„Dr. Maier konnte sich mit Menschen jeder Art zurechtfinden und mit jedem abgeben. Mit den einfachsten Leuten gab er sich so, wie diese waren; auf der anderen Seite konnte er ein vollendeter Aristokrat sein. Er versetzte sich immer in den hinein, mit dem er gerade sprach.

Er sagte andererseits auch, es sei ihm bange zumute und es falle ihm nicht leicht, wenn ihn jemand das erste Mal als Ratsuchender in seiner Wohnung besuche."

(G.S., 1952)

13. Er ließ sich nur allzusehr ausnützen

„Wir haben ihn [Johann Maier] als sehr hilfsbereiten und liebenswürdigen Mitbruder im Germanicum [Rom] sehr geschätzt [...].

Er ließ sich nur allzusehr ausnützen. Er war u.a. der Vertreter des Bonifatiusvereins und unterhielt einen kleinen Laden für die Utensilien der schreibenden Seminaristen sowie einen kleinen Handel mit gebrauchten Büchern. Der Profit kam dem Bonifatiusverein zugute.

Ich erinnere mich mit besonderem Vergnügen an eine Wallfahrt auf Eseln auf den kleinen Marienwallfahrtsort auf der Höhe eines Berges in den Sabiner Bergen, der „Mentorella". Dieser Ritt war die Stiftung eines ungarischen Prälaten, von der etwa 25 - 30 Mitbrüder gern Gebrauch machten. Der gute „rote Maier" [Haarfarbe] wurde von einem kräftigen Esel prompt abgeworfen, zum Glück ohne größeren Schaden, abgesehen von der Schadenfreude seiner Mitbrüder. [...ist] das Martyrium des tapferen Dompredigers bis heute so wenig gewürdigt worden [. . .]"

(ungenannt, 1994)

14. Mutterbild

„Das vollste Bild des Menschen ist eine Frau [Mutter] mit einem Kind auf dem Arm."

(A.K., ca. 1944)

15. Die Tröstung des 5jährigen Mädchens

„Etwa 1943 kam Dr. Maier an einem Sonntag, mit seinem schwarzen Hut auf dem Kopf, zu unserer Familie. Das Zimmer war mit unserer Großfamilie drangvoll. Ich, damals ein 5jähriges Mädchen, weinte, weil mir mein Bruder Thomas ein bescheidenes

Heiligenbild, das, als Verlagsmuster hinter einer Glasplatte aufgeklebt war, zerbrochen hatte. Unvergeßlich blieb mir, wie mich Dr. Maier beim Hereintreten im überfüllten Zimmer sofort bemerkte und mitfühlend fragte: *'Ja, was ist denn mit Dir?'* und mich kleines Mädchen tröstete, indem er sich zu mir herunterbeugte und ganz Ohr für mich war. Unendlich wohl tat es mir, wie sich Dr. Maier mit mir als kleinem Menschenkind mit der gleichen ungeheuchelten Ernsthaftigkeit abgab wie mit einem Erwachsenen. Noch heute ist mir die damals erfahrene Tröstung in unvergänglicher Erinnerung geblieben."

(Agnes Höchbauer, geb. Habbel, 92331 Parsberg, 1993)

16. Verunstaltetes Mädchen

„Dr. Maier erwähnte einmal ein Mädchen, das durch einen Bombenangriff entstellende Brandwunden erlitten hatte. Mitleidsvoll fügte er hinzu: *„Was ist das doch für ein schweres Schicksal für so ein junges Menschenkind!"*

(A.K., ca. 1944)

17. „Heute, am Karfreitag, nicht!"

Als ich als etwa Siebenjähriger mit meinem fünfzehnjährigen Bruder Josef Dr. Maier 1944 oder 1945 besuchte, sahen wir in seinem Zimmer eine Gitarre liegen und schickten uns an, darauf zu spielen, woraufhin Dr. Maier abwehrte und sagte : *„Heute, am Karfreitag, nicht!"*

(Militärdekan Dr. Wolfgang Habbel, 85579 Neubiberg, 1995)

18. Sünder verstehen

„Ich könnte die Armen nicht verstehen, wenn ich nicht selbst arm gewesen wäre. Ich könnte die Sünder nicht verstehen, wenn ich nicht die Gefährdung zu allen ihren Sünden in mir gespürt hätte."

(A.K., ca. 1944)

19. Dr. Johann Nepomuk Foerstl

„Mit dem älteren Priesterfreund Dr. Nepomuk Foerstl, den er duzte, war Dr. Maier eng befreundet und ging an bestimmten Tagen zu ihm. Dr. Foerstl, der nervenleidend war, glaubte, Dr. Maier habe ihn von sich aus gesucht. Es verhielt sich aber umgekehrt: Dr. Maier wollte ihm in dessen Nervenleiden helfen, was ihm auch gelang. Es zeugt vom Feingefühl Dr. Maiers, daß Dr. Foerstl glaubte, jener habe seine Nähe gesucht. Als Dr. Foerstl ausgebombt wurde, konnte er es durch Dr. Maiers Freundschaft leichter ertragen.“

(G.S., 1952)

20. Sein „Freund“

„Einmal besuchte mich [Dr.M.] ein junger Mann, vielleicht ein Offizier, mit seiner jungen Frau am Sonntag nach der Predigt, um über religiöse Fragestellungen zu debattieren. Nach unserem Gespräch sagte er im Hinausgehen: „So einer könnte durchaus noch mein Freund werden!“ Dr. Maier bemerkte mir [A.K.] gegenüber dazu: *„Aber ob ich ihn als solchen gewollt hätte?“*

(A.K., ca. 1944)

21. Mit dem Pfeil höher zielen

„Um ein hohes und entferntes Ziel zu erreichen, muß der Schütze mit dem auf der Bogensehne aufruhenden Pfeil höher zielen, damit die sich aufgrund der Schwerkraft absenkende Bahn des Pfeils das Ziel noch erreicht. Auch in seinem Streben nach Vollkommenheit muß man vorsorglich den Pfeil seiner Absichten höher ausrichten , als es das Ziel dem ersten Augenschein nach erfordert.“

(A.K., ca. 1944)

22. Dr. Maier zitiert Eduard Möricke

„Dr. Maier zitierte einmal im Unterricht diese Zeilen eines Gedichts von Eduard Möricke:

> *„Trinke, Auge, was die Wimper hält*
> *von dem goldnen Überfluß der Welt.“*

und fügte hinzu: *„Der* [überschüssige] *Rest rinnt herab.“*

Er wollte mit dieser Bemerkung offensichtlich andeuten, irdische Schönheit könne das Menschenherz nicht voll befriedigen, vielleicht auch: Der reife, wesentliche Mensch stehe immer in Nachbarschaft zur Entsagung und zum Verzicht.

(A.K., ca. 1944)

23. Die „schönste“ Tangente oder die Schönheit als Vorletztes

*„Jetzt sage ich Ihnen [*A.K.*] etwas vom Schönsten.“* Dr. Maier nahm ein Buch mit blutrotem Ledereinband aus seinem Bücherregal und fuhr fort: *„Alles muß, und auch das Schönste, nur eine Tangente sein, das geht hin auf einen zu, und auch wieder weg von uns.“* Er führte dabei das geschlossene Buch auf seinen Kopf zu und dann daran vorbei. *„Man nimmt das Schönste in sich auf und wächst darüber hinaus. So muß es sein auch mit dem Schönsten.“*

(A.K., ca. 1945)

24. Die Leidenschaften

„Mit dem Charakter ist es wie mit einem Pferd. Wenn einem einmal der Gaul durchgeht: das ist die alte Gewohnheit, da kann man halt nichts dafür. Erst wenn man sich sagt: Das ist mir gleich - wird es sündhaft. Die Leidenschaften sind Pferde, die ziehen. Soll ein Charakter harmonisch werden, müssen die angespannten Pferde auf beiden Seiten der Wagendeichsel gleichmäßig ziehen.“

(A.K., 1944)

25. Rolle der Leidenschaft

„Der Zorn als Leidenschaft ist weder gut noch böse. Er kann mich auch einmal über einen Widerstand und ein Hindernis hinwegreißen, die sich mir auf dem Weg zum Guten entgegenstellen. Der Zorn treibt einen dann zu einer Leistung an, wozu man sonst keine Kraft hätte. Und ein Mensch ohne Leidenschaft ist ein Torso [Bruchstück].“

(A.K., ca. 1945)

26. „Komische“ Wörter

„Manche Wörter klingen heute komisch: ‚Priester‘, ‚Bischof‘, ‚heilig‘.“

(A.K., ca. 1944)

27. Gelassenheit

„Gelassen sein kann nur jemand, der überwunden hat."
(A.K., ca. 1944)

28. Die „besitzlose" Klasse

Dr. Maier scherzte, wenn andere gelegentlich seinen kahlen Kopf beredeten, und diese Spötter eben *keine* Glatze vorweisen konnten:
„Dies ist der Neid der besitzlosen Klasse!"
(A.K., ca. 1943)

29. Am meisten gelernt

„Von einem alten Mann, dem die Brühe aus der Nase herunterlief, habe ich mit am meisten gelernt."
(A.K., ca. 1944)

30. Die Stiefel, nicht erschwindelt

„Schuhe könnte ich schon brauchen, aber ich habe noch feste Bergstiefel [Dr. Maier war Bergsteiger]*; und deswegen bekomme ich* [wegen des im Kriege notwendigen Antrags auf einen Bezugsschein für Schuhe] *keine neuen Schuhe, und lügen mag ich nicht."*
(A.K., ca. 1944)

B. Dr. Maier als Priester

1. Ganz Priester sein

Willst du ein Leben, das schwer wie ein Alp
auf dir liegt und wie ein Fluch -
werde Priester und werde es halb.
Willst du Freude übergenug
und die Seele voll Frieden und Gottesglanz -
werde Priester und werde es ganz.

(von Dr. Maier aus *„Heiliges Feuer“* eigenhändig abgeschriebenes Gedicht; ohne weitere Angaben, Fasz. 26, BZAR)

2. Die Entschlüsselung seines Blicks

„Als 1943/44 der geistliche Betreuer unserer Gruppe der Marianischen Kongregation (MC), Stadtpfarrer Kraus, einige Male ausfiel, sprang Dr. J. Maier für diese Stunden ein und verlegte die Gruppenstunde aus dem Raum im Kreuzgang des Dominikanerklosters in das Klerikalseminar.

Eine Szene während dieser Einzelstunde hat sich mir als damals etwa 13-14jährigem über Jahrzehnte hinweg eingeprägt. Dr. Maier hatte eine intensive Art, einen anzuschauen, er schaute auf den Grund der Seele; ich empfand das sehr stark. Obwohl ich mich inmitten der Gruppe befand, fixierte er mich intensiv, es war dabei aber eine irgendwie offene Art, mich anzuschauen. Das Gefühl überkam mich: Er sieht etwas in mir, von dem ich selbst noch nicht weiß, was es ist; ein Zukunftsblick in die in einem jungen Menschen angelegten Möglichkeiten, ohne vorzeitige Festlegung, in welche Richtung es geht, Zeugnis seines eigenen Lebens für mein Leben.

Dieser damalige Blick, in dem ein Auftrag und eine Verpflichtung verhalten anklangen, ist für mich heute noch nicht beendet, weil auch mein Leben noch nicht beendet ist. Das einmalige Aufeinandertreffen des Blicks der Augen wirkt nun inwendig ein halbes Jahrhundert nach. Wenn man so will, bot dieser Blick einen verwendbaren, hilfreichen Leitfaden des Bewußtseins an für die Orientierung des Lebens aus der Linie zweier ineinandergreifender Augenpaare.

Das religiöse Feld stößt unweigerlich an eine Grenze des Formulierbaren, an eine Schwäche des sinntragenden Gehalts der

Worte. Doch der Glaube eröffnet trotzdem bisweilen eine Dimension jenseits alles Sagbaren. So vertiefte sich der Eindruck von damals unausgesprochen und nachhaltig in mir. In die mir aufgetragene Entschlüsselung dieses eindringlichen Blickes trete ich seither je erneut ein, eines Zugriffs seiner Augen, der mich niemals belastet und bedrückt hat, in dem gleichwohl ein immer stiller Anruf und eine leise Anforderung bis zur gegenwärtigen Stunde mitzuschwingen scheinen.

Ihnen diese Begegnung der Blicke in Annäherungswerten aus freien Stücken geschildert zu haben, erfüllt mich mit unerwarteter Genugtuung."

(Dr. phil. Josef Habbel, 53127 Bonn, 1995)

3. „Sie werden ewig kein richtiger Priester!"

„Bevor ich [1928] nach Rom ans Germanikum kommen sollte, sprach ich bei Bischof Buchberger zur Audienz vor. Er bewegte nervös seine Finger auf seinem Brustkreuz und sagte: „Ich möchte nicht, daß Sie ein unglücklicher Priester werden!" *In Rom bedeutete mir einmal ein alter Priester, dem ich immer Fragen vorlegte.* „Sie werden ewig kein richtiger Priester!" *Ich erwiderte jedoch: „Ich möchte aber ein richtiger werden!" Ich wollte in meinem Beruf Menschen helfen. Zuerst beabsichtigte ich, Arzt zu werden, ich bin aber dann doch Priester geworden. Es ist der schönste Beruf, den es gibt, und mein Entschluß hat mich bis heute noch nicht gereut. Was aber soll ein Priester nicht alles können! Wenn ich nicht Priester geworden wäre, wäre ich Vater geworden."*

(A.K., ca. 1944)

4. Priesterberuf

„Ich will in meinem Priesterberuf nicht nur ein Handwerker sein."
(A.K., ca. 1944)

5. Priesterbürde

„Einmal las ich ein Buch über den Priesterberuf in einer einzigen Nacht durch. Und was soll ein Priester nicht alles sein: Theologe, Mediziner. Er soll sich in Literatur und der Kunst auskennen, in der Gesellschaft stehen. Alles soll er sein." (A.K., ca.1944)

6. Verzweiflung des Priesters

„Nicht das bringt den Priester zur Verzweiflung, daß es Sünde gibt, sondern daß sich die Menschen nicht helfen lassen wollen."

(A.K., ca. 1944)

7. Zölibat Gott zuliebe

„Der Priester legt ein Gelübde der Keuschheit um des Himmelreiches willen ab; nicht, weil die Ehe ein so niedriges Gut wäre, sondern weil der Verzicht Gott zuliebe schwer wiegt und die Ehe eines der höchsten menschlichen Güter darstellt."

(A.K., ca. 1944)

8. Diener der Gemeinde

„Einmal wollte in meiner Messe jemand noch verspätet kommunizieren. Ich ging noch einmal hinaus; denn der Priester ist für das Volk da, und nicht das Volk für den Priester. Auch der Papst ist für das Volk Gottes da, sein Titel lautet ja doch:

Servus servorum Dei [Diener der Diener Gottes]."

(A.K., ca. 1944)

9. Einstimmung durch Georges Bernanos

„Maier vertrat im Seminar die römische Schule der Priesterausbildung; ich mußte eine theologische These verteidigen, der spätere Pfarrer Franz Feuerer mußte mich angreifen. Wir sind noch heute 12 frühere Seminaristen aus diesem Kurs von 1937.

Während des Krieges war ich in Tours in Frankreich. So bat mich Dr. Maier, den ich während eines Urlaubs besuchte, ihm französische exegetische Bücher zu kaufen, die es in Tours in einem Buchladen gegenüber der Basilika des heiligen Martin von Tours billg zu kaufen gab. Offenbar beherrschte er die französische Sprache gut. Den französischen Dichter Georges Bernanos zitierte er oft. Wenn er schwierige seelsorgliche Obliegenheiten übernahm, las er als Vorbereitung immer ein Kapitel aus Bernanos."

(BGR Alois Frischholz, 93047 Regensburg, 1993)

10. Aus lebendigem Leibe herausgerissen

Aus einem Werk des von ihm hochgeschätzten französischen Dichters Georges Bernanos schrieb Dr. Maier folgende bezeichnende Stelle ab:

„... wir sind nicht die urigen Heiligen mit dem blonden Bart, die man auf Bildern sieht, und deren Beredsamkeit und gute Gesundheit selbst den Neid der Philosophen erwecken könnte. Nicht was die Welt sich denkt, ist unser Teil. Im Vergleich zu dem, was wir erleben, ist auch die schöpferische Qual des höchsten Künstlers ein leichtfertiges Spiel zu nennen. Jedes schön verbrachte Leben, o Herr, legt Zeugnis ab für Dich; aber das Zeugnis des Heiligen ist wie mit glühenden Zangen aus lebendigem Leibe herausgerissen..."

(Fasz. 19, 273, ohne Quellennachweis; siehe Faksimile der Abschrift auf der folgenden Seite 77)

11. Bedrückte Besucher

„Dr. Maier verbot mir, mit seinen Besuchern zu sprechen; ich habe es auch nicht getan. Oft sah ich, daß die Leute etwas drückte. So sprach auch einmal ein einfaches Mädchen, das hier in Regensburg arbeitete, bei ihm vor und erschien mir so gedrückt. Durch dieses Mädchen bekehrte er deren ganze Familie und Verwandtschaft, die Dr. Maiers Predigten besuchten und dann auch ihn persönlich zu Hause. Nach Dr. Maiers Tod kam ich wieder in Verbindung zu ihr; heute ist sie ein froher Mensch."

(G.S., 1952)

12. Ein Sektenangehöriger

„Einmal kam ein überzeugter Sektenanhänger mit seiner in Glaubensschwierigkeiten geratenen katholischen Frau zu Dr. Maier, um mit ihm zu debattieren. Gegen Dr. Maiers Überzeugungskraft und überlegene, ruhige Art kam er nicht an. Der Mann tobte und schrie herum. Ich ging eigens in den Hof des Bischofshofs hinunter, ob man von dort aus das Geschrei noch verstehen konnte, was der Fall war."

(G.S., 1952)

3., das Wesen der Heiligen:

a., Bernanos: "... Wir sind nicht die rosigen Heiligen mit dem blonden Bart, die man auf Bildern sieht, u. deren Biederkeit u. gute Gesundheit selbst den Neid der Philosophen erwecken könnte. Nicht was die Welt sich denkt, ist unser Teil. Im Vergleich zu dem, was wir erleben, ist auch die schöpferische Qual des höchsten Künstlers ein leichtfertiges Spiel zu nennen. Jedes schlicht verbrachte Leben, o Herr, legt Zeugnis ab für dich; aber das Zeugnis der Heiligen = wie mit glühenden Zangen aus lebendigem Leibe herausgerissen."...

b., Helden u. Heilige: Aufruf zum höchsten Entfaltung aller Wertmöglichkeiten – "Was du gekonnt, kann ich auch."

Abbildung zu VI.B.10, S.77: handschriftlicher Auszug von Dr.M. aus einem Werk von Georges Bernanos *(„das Wesen der Heiligen")*.

13. Ungewißheit und Wagnis

„Niemand weiß, ob er gerettet wird, auch ich nicht, so wie ich hier sitze.“

(A.K., ca. 1945)

14. Heiligkeit

„Heilig ist eine Blume, die, wenn sie in Schönheit blüht, zur Fülle ihres Wesens gelangt ist;
heilig ist ein Kelch, wenn er ganz gefüllt ist;
und heilig ist ein Mensch, der sich Gott gänzlich übergibt.“

(A.K., ca.1944)

15. Glückliche und schwere Stunden

„Ich habe jetzt noch keinen Tag gehabt, an dem ich nicht glücklicher als am anderen gewesen wäre, aber Sie [A.K.] dürfen mir glauben: Ich habe auch schwere Stunden. Ich glaubte einmal, von Gott verdammt zu sein, habe damals aber auch das Studium übertrieben.“

[Sicherlich meinte Dr. Maier *„Glück“* nicht im Sinne von *„Gefühlsseligkeit“*, sondern eher als eine, auch dunkle, Geborgenheit aus dem Glauben heraus.]

(A. K., ca. 1944)

16. Rosenkranz

[Als ich ihn einmal wieder besuchte, sagte er bei der Verabschiedung:] *„Heute werde ich noch einen Rosenkranz beten.“*

(A.K., ca. 1944-1945)

17. Vielleicht einmal Bischof

„Wir wissen nicht, was aus ihm geworden wäre, wenn er noch lebte: vielleicht Hochschullehrer und womöglich Bischof.“

(G.S., 1952)

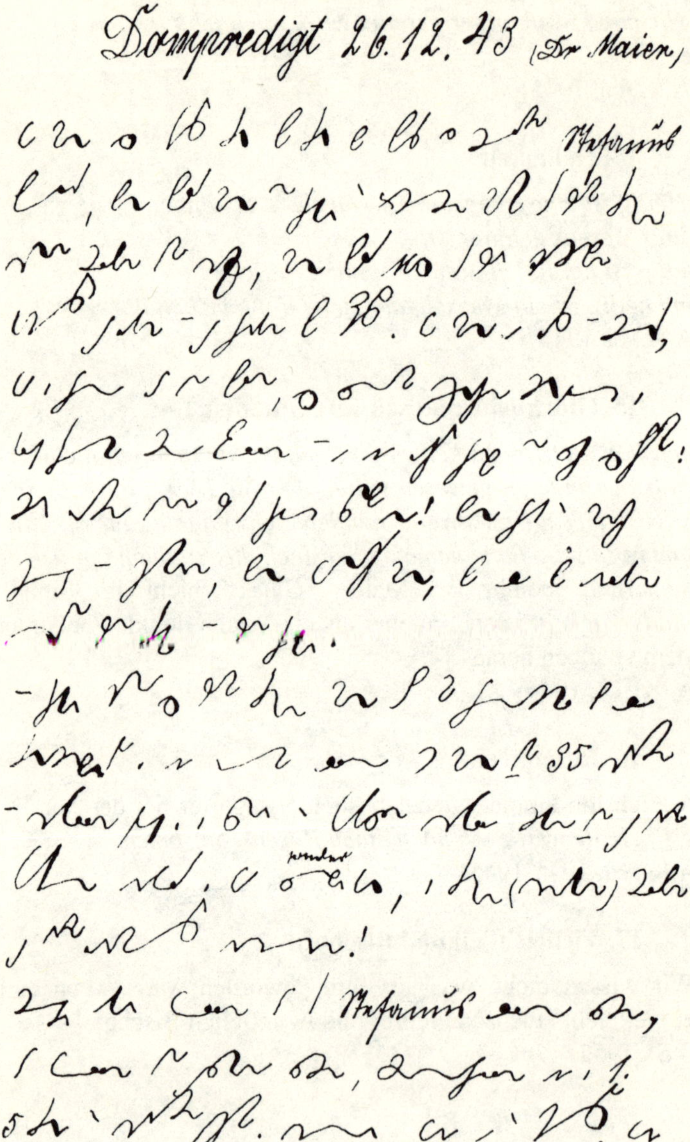

Faksimile: Stenographische Mitschrift der DPr 26.12.1943 durch
Sr. Agathangela Paulus (A.P.-A)

C. Der Prediger

1. Rom: Der mittelmäßige Menschenfischer

„Bei einer Zwischenprüfung im Germanikum in Rom bedeutete ihm ein Jesuit in schonender Weise, er könne, wenn er sich Mühe gäbe, ein mittelmäßiger Prediger werden. Er aber wollte doch als Priester und Prediger ein Menschenfischer werden und auf Menschen wirken. Diese Beurteilung hat ihn seinerzeit in Rom sehr niedergedrückt.

Häufig wies er auf das Wort des heiligen Albertus Magnus hin, daß er Menschen fischen wolle, und zwar die großen Fische; auf Leute wollte er einwirken: auf die hohen, die wieder Einfluß haben und andere nachziehen."

(G.S., ca. 1952)

2. Unvergeßliche Predigt

Dr. Maier predigte einmal, vielleicht in der Fastenzeit, in der Abensberger Stadtkirche St. Barbara. Trotz der langen Zeit seither ist mir daraus ein Ausspruch in Erinnerung geblieben, der die Bereitschaft zur bedingungslosen Ergebung in Gottes Willen ausdrückte. Wie in der Predigt erwähnt, soll er von dem antiken Weisen Epiktet stammen, woran ich mich bemerkenswerterweise noch nach 50 Jahren errinnere, weil mich diese Worte damals nachdenklich gemacht haben. Sie lauten: *„Tue mit mir, was Du willst, wohin Du willst, führe mich..."*

(T.K., 93326 Abensberg,1995)

3. Wegen Predigt Urlaub überschritten

„Ein Offizier aus Norddeutschland überschritt im Kriege seinen Urlaub, um Dr. Maier noch einmal im Dom zu hören."

(G.S., ca. 1952)

4. Versuchung des Predigers

„Der heilige Bernhard widerstand, wenn er predigte, der Versuchung des Stolzes mit diesem Satz, den er dem Versucher entgegenhielt: „Teufel, deinetwegen habe ich nicht angefangen, deinetwegen höre ich auch nicht auf!" (A.K., ca. 1944)

5. Die gestörte Predigtvorbereitung

„Ich [A.K.] besuchte Dr. Maier wieder einmal an einem Freitag, als er, wie er mir andeutete, sich gerade auf seine bevorstehende Sonntagspredigt vorbereitete und hierfür auf seinem großen Schreibtisch eine Reihe von Büchern und Blättern verstreut ausgebreitet lagen. Auf meine Frage, ob ich ihn störe, antwortete er: *„Ja und nein."* Er wies mich trotzdem nicht ab, und ohne mich im geringsten in Verlegenheit zu setzen, schob er die Papiere in die Schublade des Schreibtisches und widmete sich mir eine geraume, wohl etwas verkürztere Zeit, als ihm ansonsten selbst vielleicht lieb gewesen wäre."

(A.K., ca. 1944)

6. Predigtangst

„Es ärgerte ihn immer, wenn der Kirchenschweizer des Doms zu ihm sagte: *‚Heute haben Sie es ihnen* [den Nazis] *einmal richtig gesagt!'* Das ärgerte ihn, denn er glaubte dann, er hätte es nicht recht gemacht.

Wenn er auf die Kanzel stieg, spürte er eine Beklemmung. Hatte er den ersten Satz einmal gesprochen, war sie weg. Er sagte, er habe oft Angst, auf die Kanzel zu steigen, nicht wegen der Partei, sondern deswegen, ob er das Evangelium auch recht verkünde. Wenn ich ihn von der Kanzel herabsteigen sah, machte er immer so einen eigenartigen Eindruck. Ich sah darin diese Angst. Es war diese Angst."

(G.S., 1952)

7. Kein stummer Hund

„Im Rahmen einer Predigt über das 5. Gebot sprach er ganz deutlich und unmißverständlich über die Tötung der Geisteskranken. Ich hatte damals in der Kirche Angst um Dr. Maier, als ich es hörte."

(G.S., 1952)

Ich erinnere mich auch an seinen Ausspruch: *„Ich will einmal in der Ewigkeit vor dem Gericht Gottes nicht hören müssen, ich sei ein stummer Hund gewesen, der sein Maul nicht aufgetan hat."*

(A.K., ca. 1944)

8. Nach der Predigt wollte er alleine sein

„Mit Domkapitular Dr. Deubzer verabredete er sich oft für Spaziergänge an Sonntagnachmittagen, wozu es aber oft nicht kam, weil sich ja immer so viele Besucher bei Dr. Maier auch an Sonntagen einfanden.

Wenn am Sonntagvormittag nach seinen zwei Predigten um 8.30 Uhr und 10.30 Uhr jemand als Besucher bei ihm vorsprach, war es ihm immer ein Opfer und kostete ihn Überwindung. Nach den Predigten im Dom oder auch nach den Fastenpredigten in St. Emmeram wollte er allein für sich sein. Er ging dann nicht in die Sakristei und ließ sich auch nicht zum Essen einladen. Ich glaube, man kann das verstehen: Er wollte nach diesen Predigten, für die er Kraft und Ernst zusammengenommen hatte, nicht über womöglich geringfügige Alltagsdinge reden."

(G.S., ca. 1952)

9. Er wirkte nicht durch Rhetorik

„Ich besuchte seine Predigten. Er wirkte weniger durch Rhetorik, als durch das, was er gesagt hat. Der spätere Bischof von Freiburg sagte einmal, man hätte nicht erwarten können, daß aus ihm einmal dieser Prediger werden würde".

(ungenannt, 1995)

50

Inliegend je eine Karte

Zucker
Fleisch Jgd
Brot A/Jgd
Nährm. Jgd
Brot B
Fett Jgd

Heftklammer vorsichtig entfernen! Karten nicht verletzen!

Volksgenosse! Prüfe Deine Karten sofort bei Empfang auf ihre Vollständigkeit. Nach Verlassen des Ausgabelokals können Reklamationen nicht mehr berücksichtigt werden.

Jugendliche von 14 bis 18 Jahren.

E 1

Volksgenosse! Beachte die Zeiten für die Ausgabe der Lebensmittelkarten! Beschrifte sofort alle Karten mit Deiner genauen Adresse, unbeschriftete Karten sind ungültig. — Achte immer auf Deine Lebensmittelkarten, Kleiderkarten usw. und verwahre sie sorgfältigst; bei Verlust gibt es keinen Ersatz. — Die NSV. hat immer Bedarf an Brotmarken für Kinderreiche usw. Unterstütze dieses Sammelwerk! — Stärke die Front! Spare Strom, Gas, Kohlen! Sammle laufend Altpapier, Altspinnstoffe, Knochen, Lumpen usw. — Schone und pflege Deine Schuhe!

Regensburg, Mai 1943.

Der Oberbürgermeister der Stadt Regensburg.

N/0600

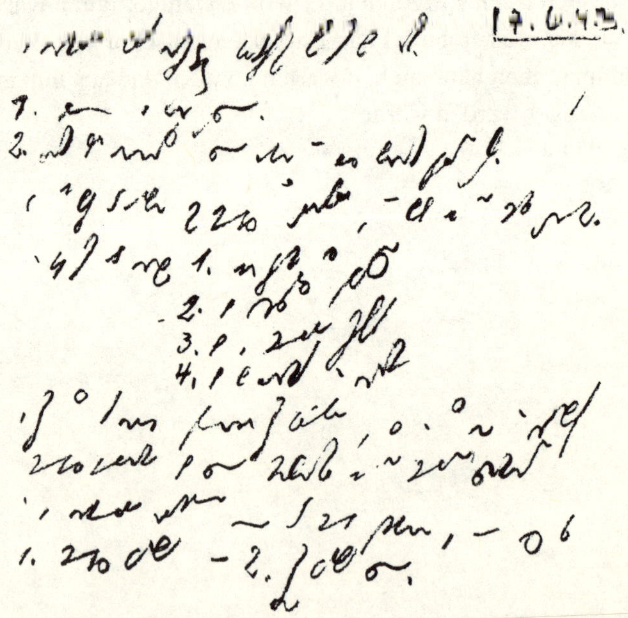

Faksimile: Stenographische Mitschrift durch A.K., 7. Juni 1943; vgl. VI.D.a)3, S. 85.

D. Der Glaubenslehrer

a) Glaubensstunden

1. Logische Darstellung

„Ich hatte bei ihm Glaubensstunden im Peterskirchlein beim Bahnhof. Ihm widerstrebte es, wenn Mädchen sich wie Jungen burschikos gebärdeten. Was würde er erst heute sagen! Er stellte die religiösen Dinge alle logisch dar. Bei ihm war es nicht so wie bei den anderen [Religionslehrern“].

(ungenannt, 1985)

2. Bild von Gott

„Man gelangt zu einem großartigen oder dürftigen Gottesbild, je nachdem man nach seinem eigenen Bilde groß oder klein von Gott denkt.“

(A.K., ca. 1943)

3. Mitschrift einer Glaubensstunde (7. Juni 1943)

„Auf der Rückseite eines Deckblattes für Lebensmittelkarten skizzierte ich [A.K.] nach der Stunde deren Verlauf. Um den zeitgeschichtlichen Hintergrund wiederzugeben, zitiere ich aus dem Deckblatt:

„Jugendliche von 14 bis 18 Jahren; 50, E1;... Stärke die Front! Spare Strom... Schone und pflege Deine Schuhe! Regensburg, Mai 1943.“

Die katholische Weltanschauung beansprucht für sich das Recht:

1. allein die wahre zu sein
2. nach dieser Erkenntnis sein Leben und alles danach gestalten zu dürfen.
3. Wir sind dazu auf Erden, um Gottes Willen zu erfüllen und dadurch in den Himmel zu kommen.
   Er tut sich uns kund:
   a) in der Stimme des Gewissens
   b) durch Christus
   c) durch die Heilige Schrift
   d) durch das Lehramt der Kirche

Der Mensch soll nicht nur gewöhnlicher Mensch bleiben, sondern er soll an der Kindschaft Gottes teilnehmen durch seine Gnadenmittel in den heiligen Sakramenten.

4. Ist die katholische Religion eine von Gott gegebene, so muß sie:
   a) Gottes würdig sein
   b) menschenwürdig sein.

(A.K., 7.6.1943)

4. Halbes und ganzes Wissen

„Halbes Wissen führt zum Teufel, ganzes Wissen führt zu Gott."

(A.K., ca. 1943)

5. Verbotene Glaubensstunden

„Die Tochter einer maßgeblichen Persönlichkeit des Standgerichts hatte in den Jahren zuvor Dr. Maiers Glaubensstunden besucht und zu Hause oft mit dem Vater über den Inhalt der Stunden gesprochen. Zuletzt durfte die Tochter die Religionsstunden nicht mehr besuchen."

(ungenannt, ca. 1965)

6. Eigenes Zutun und Gnade

„Facientem quod est in se Deus non denegat gratiam - Demjenigen, der tut, was an ihm liegt, verweigert Gott seine Gnade nicht."

(A.K., ca. 1943)

7. Begriff des Glaubens

„Glaube ist nicht eine Sache des Gefühls, sondern des Willens und der Vernunft. Der christliche Glaube ist zu schön, um wahr zu sein [das heißt: unglaublich schön]."

(A.K., ca. 1944)

8. Der Begriff des katholischen Glaubens

„Der christliche Glaube ist nicht unvernünftig, sondern übervernünftig. Wenn Gott den Glauben verlangt, denn kann die Vernunft auch zur Erkenntnis Gottes gelangen. Paulus spricht von rationabile obsequium [einem vernünftigen Willfahren].

Der katholische Glaube muß sich intellektuell vor der Vernunft ausweisen können, muß [sozusagen] *bewiesen werden können. Nimmt man ein einziges Steinchen aus dem Lehrgebäude des katholischen Glaubens heraus, fällt alles zusammen, da eins mit dem anderen zusammenhängt,so wie auch eine von einer Zimmerwand zur anderen gespannte Schnur herunterfällt, sofern man einen der beiden Nägel herauszieht.“*

(A.K., ca. 1943)

9. Glauben

„Ein Papst hat einmal gesagt: Der Christ lebt in einer trunkenen Nüchternheit und einer nüchternen Trunkenheit. *Indes: beim Glauben kommt es nicht auf das Gefühl an, sondern auf den Verstand und den Willen.“*

(A.K., ca. 1944)

10. Glaube und Wagnis

„Wer sich auf Gott einläßt, beschreitet einen steilen Aufstieg. Je höher man kommt, desto tiefer kann man abstürzen, desto steiler öffnen sich die Abgründe.“

(A.K., ca. 1944)

11. Entweder - oder

„Entweder ist das alles - die Bibel, Christus und seine Kirche - die Wahrheit, oder ich ziehe noch heute meinen schwarzen Rock aus.“

(A.K., ca. 1943)

12. Ein deutliches Wort

„Im Unterricht sagte er einmal: *Ein Theologe - und beherrschte er auch blendend die ganze Theologie und wüßte er, wie es um den Sachverhalt der Wahrheit bestellt ist - kann trotzdem ein [...] sein,* [Er benutzte ein Wort der Rüge], *wenn er nicht danach lebt.“*

(A.K., ca. 1944)

13. Christusnachfolge als unwiderrufliche Entscheidung

„Das Christentum verlangt den ganzen Menschen." [Mit den Worten des Neuen Testaments legte er diese Anforderung dar:] *„Wer Weib und Kind mehr liebt als mich, ist meiner nicht wert. Wer sein Leben gewinnen will, wird es verlieren. Wer die Hand an den Pflug legt und umschaut, taugt nicht für das Reich Gottes. Weil du lau gewesen bist, werde ich dich aus meinem Munde ausspeien."*

[Er fuhr fort:] *„Solche harten, männlichen Sätze! Was verlangt die katholische Religion nicht alles! Sie verlangt sogar Zucht bis in die letzten, innersten Gedanken hinein."*

(A.K., ca. 1944)

Sein Leben starb,
durch Mörderhand getötet
sank er hin.
Als sich der Osten rötet
fand man ihn,
gemordet und geschändet,
doch sein Tod vollendet
seines Lebens Sinn.

Glocken klingen,
mahnen ernst und schwer,
Knabenkehlen singen
Toten letzte Ehr.
Lichter flammen,
Weihrauchschwaden ziehn,
enger rückt das Volk zusammen,
bittend auf den Knien.

aus: Gotthard M. Teutsch, Für Altar und Heimat, Dr. Johann Maier zum Gedächtnis, 1945, 2. Auflage, S. 13, Friedrich-Pustet-Verlag, Regensburg

D. Der Glaubenslehrer

b) Glaubenszeugnis

1. Blutzeugnis

[Mehr als einmal zitierte er Tertullian (apol. 50):] „Sanguis martyrum, semen Christianorum - Das Blut der Märtyrer ist der Samen der Christen."

(A.K., ca. 1943)

2. Bereitsein zum Blutzeugnis

„Kurz vor dem Krieg besuchte ich im Regensburger Priesterseminar einen Theodizeekurs von Dr. Maier. Mehrmals legte er uns eindringlich dar, daß das Wort Gottes schärfer als ein zweischneidiges Schwert ist. Wir lasen mit ihm auch die Apostelgeschichte auf griechisch und stießen dabei auf das Wort *martys* (Blutzeuge). Lebendig in Erinnerung geblieben ist mir seine Aussage, ein echter Jünger Christi müsse zum Blutzeugnis bereit sein. Als ich aus dem Krieg heimkehrte und von der Hinrichtung meines ehemaligen Hochschulrepetitors hörte, erinnerte ich mich sofort an seine damaligen Worte."

(BGR Alois Frischholz, 93047 Regensburg, 1995)

3. Der Bart hat nicht gesündigt

„Im Unterricht erzählte er einmal eindringlich - und wohl in absichtsvoller Anspielung auf die Märtyrer der Hitlerzeit - das Martyrium des katholischen englischen Lordkanzlers Thomas Morus, der die Verbrechen des Königs Heinrich VIII. gutheißen sollte. Dr. Maier schilderte die denkwürdige Szene, wie der Lordkanzler, kurz vor seiner Enthauptung, seinen langen Bart unter dem Kinn hervorzog und über den Holzblock legte und zum Scharfrichter in gnadenhafter Überwindung seiner Todesangst humorvoll sagte: *„Diesem wenigstens soll nichts geschehen, er wenigstens hat nichts verbrochen!"*

(A.K., ca. 1944)

4. Louis Pasteur, gläubig wie ein Bretone

[Dr. Maier berichtete einmal dieses Wort des französischen

Forschers:] *„Den bahnbrechenden Chemiker Louis Pasteur [1825-1895] fragte einmal einer seiner ungläubigen Schüler etwa so: ‚Wie kann ein Mann wie Sie, der so viel nachgedacht und studiert hat, noch gläubig sein?‘ Pasteur entgegnete: ‚Eben weil ich viel nachgedacht und studiert habe, darum bin ich gläubig wie ein Bretone. Hätte ich noch mehr nachgedacht und studiert, dann wäre ich gläubig wie eine Bretonin.‘ “*

(A.K., ca.1944)

5. Louis Pasteur (1825-1895), französischer Chemiker und Bakteriologe, Erforscher der Infektionskrankheiten

„Meine Studien und Forschungen haben mich dahin gebracht, daß ich so ziemlich den Glauben eines bretonischen Bauern habe; ich zweifle aber nicht: Hätte ich noch weiter studiert und geforscht, so würde ich es bis zum Glauben einer bretonischen Bäuerin gebracht haben.“[8]

6. Ein Tyrann und Kirchenfeind als Komödiant und tragische Figur

„Dr. Maier schilderte einmal im Unterricht die Szene, wie Napoleon den von ihm gefangengenommenen Papst Pius VII. bei einer Begegnung unter Druck setzte. Bei der ersten Drohung des Kaisers sagte der Papst nur: *„Komödienspieler!“* Bei der folgenden gesteigerten Drohung: *„Tragödienspieler!“*

Heute, 1995, sehe ich in der Schilderung dieser Anekdote die absichtsvolle Anklage Dr. Maiers gegen die auch in seinen Tagen durch einen noch schlimmeren Tyrannen unterdrückte Kirche, eine versteckte Anspielung, die eine Handlung verdeckten Widerstandes gegen das NS-Regime darstellte. Das Absichtsvolle bei der unterrichtlichen Verwendung dieser Anekdote geht auch daraus hervor, daß sie sich ebenfalls in den Predigtvorbereitungen Dr. Maiers findet, die im BZAR erhalten sind.“

(A.K., ca. 1944)

D. Der Glaubenslehrer

c) Erinnerungen an Glaubensstunden

1. Meine Glaubensstunden bei Dr. Maier

von Georgine Stail

Dr. Maier kannte und schätzte ich dank seiner Predigten im Dom schon geraume Zeit, bevor er uns Religionsunterricht erteilte.

Es sprach sich unter den „gutgesinnten", d. h. nicht nationalsozialistischen Bürgern Regensburgs allmählich herum, daß der Domprediger heiße Eisen anpackte und aufrüttelnde Predigten hielt. So kam auch mein Vater dazu, regelmäßig den Sonntagsgottesdienst im Dom zu besuchen, obwohl er auch den Pfarrer unserer Stadtpfarrei St. Emmeram und seine Predigten hochschätzte. Er forderte mich auf, ihn zu begleiten, aber es bedurfte in der Folgezeit gar keiner väterlichen Ermahnung, denn ich war von den Predigten Dr. Maiers so gefesselt, daß ich nach Möglichkeit keine versäumen wollte.

Was uns in seinen Bann zog, war sein bedingungsloses Eintreten für die Wahrheit, sei es gelegen oder ungelegen. *„Die Wahrheit wird euch frei machen!"* Dieses Wort Christi rief er wiederholt in die lauschende Menge hinein, und wir wußten damals sehr gut, von welcher Seite die Lüge kam und empfanden ganz konkret unsere Unfreiheit. Der Kontrast zwischen der Tagespolitik und der unveränderlichen Glaubenswahrheit wurde uns in jeder Predigt bewußt, obwohl Dr. Maier keine „politischen" Predigten hielt. Es ging ihm nur darum, die Menschen zu Christus zu führen, indem er ihnen half, die Geister zu unterscheiden. *„Gefährlich sind nicht die Bösen, gefährlich sind vielmehr die gutgläubigen Anhänger einer falschen Idee"*, sagte er mehrfach sehr eindringlich, und wir wußten sehr wohl, welcher falschen Idee damals viele verfallen waren.

Er machte uns Mut mit den Worten der Heiligen Schrift: *„Alles gehört euch, ihr aber gehört Gott!"* Und wir bewunderten seinen Mut, wenn er ohne Scheu und kompromißlos für Gottes Gebot gegen herrschende Meinungen und Praktiken eintrat: *„Es gibt kein lebensunwertes Leben. Wer unheilbar Kranke tötet, begeht Mord."* Man hörte damals von Euthanasie, die man dem Volk auch mittels eines pathetischen Filmes schmackhaft machen wollte (*„Ich klage an!"*).

Wir wußten sehr wohl, daß Dr. Maier um der Wahrheit willen seine Freiheit und sein Leben riskierte. Solchen Gefahren ist heute kein Prediger ausgesetzt, aber wie wenige gibt es, die sich so entschieden gegen herrschende Trends aussprechen?

Dieser so bewunderswerte Mut entsprang sicher Dr. Maiers unerschütterlichem Gottvertrauen, das er oft in seinen Predigten zum Ausdruck brachte: *„Wir müssen es fertigbringen, zu Gott zu sprechen, wie es ein Heide getan hat:* ‚Herr, tue mit mir, was du willst, ich stimme mit dir überein. Ich wende nichts ein gegen deinen Ratschluß. Wohin du willst, führe mich! Ich will dich rechtfertigen für alles.' " Ich glaube, daß diese Worte, die er so oft und so eindringlich in seinen Predigten wiederholte, daß ich sie mir merkte, Dr. Maiers persönlicher Wahlspruch waren, nach dem er lebte und starb.

Im Jahr 1941 (oder 1942?) schaffte die nationalsozialistische Regierung den Religionsunterricht auf der Oberstufe der Gymnasien (damals: Oberschulen) ab. Schüler, die weiterhin religiöse Unterweisung wünschten, konnten diese auf privater Basis in ihren Pfarreien erhalten. Diese waren mit der neuen Aufgabe oft überfordert. In der Pfarrei St. Emmeram erteilte uns den Unterricht ein sehr alter, heiligmäßiger Herr, der mehr in der Vergangenheit als in der rauhen Gegenwart lebte.

Als wir erfuhren, daß in der Dompfarrei Dr. Maier die Glaubensstunden hielt, schlossen wir uns den dortigen Mitschülerinnen an, und bald waren alle katholischen Schülerinnen unserer Klasse um Dr. Maier versammelt. Immerhin gehörte ja auch unsere Schule zur Dompfarrei. Die Unterrichtsstunden fanden in einem kleinen Raum am Prinzenweg statt und später in dem jetzt als Kapelle ausgestatteten Raum rechts von der Vorhalle der Niedermünsterkirche.

Ich besuchte die Glaubensstunden gern und eifrig, aber doch in dem Bewußtsein, daß es sich um eine freiwillige Veranstaltung handelte, bei der es keine Leistungskontrolle durch Zensuren gab, - ein bißchen in der Haltung, die Goethe beschreibt: „ . . . *halb Kinderspiel, halb Gott im Herzen* . . ." So hörte ich zwar aufmerksam zu, machte mir aber keine Notizen. Immerhin sind mir einige Worte aus Dr. Maiers Unterricht im Gedächtnis geblieben.

Beispielsweise zum Thema **Ehe, voreheliche Beziehungen, kurz Sechstes Gebot:**

„Der ganze von Gott geschaffene Körper ist gut, aber der Mensch kann mit ihm sündigen, wenn er sich außerhalb der gottgewollten Ordnung stellt.“

„Schon Kinder sind in Gefahr, wenn ihnen die rechte Erziehung fehlt. Ich habe es erlebt, wie ein Brüderchen das kleine Schwesterchen verführt und verdorben hat.“

„Zurückhaltung vor der Ehe tut not. Der erste Kuß sollte der Verlobungskuß sein.“

„Christus liebt seine Kirche so wie Mann und Frau, wenn sie sich einander schenken.

Diese Ganzhingabe an den anderen ist der Ehe vorbehalten. Außerhalb der Ehe hat der Mensch kein Recht dazu.

Auch in der Ehe ist nicht alles erlaubt. Mancher Mann macht seine Frau zur unbezahlten Hure.

Wenn Mann und Frau die Ehe im christlichen Sinn verstehen - als Abbild der Vereinigung von Christus und der Kirche -, dann hängt zu Recht das Kruzifix über dem Ehebett.

Brautleute lassen sich trauen, weil sie einander trauen.“

Zur Frage des **Gottvertrauens**:

„Man hört heute oft die ängstliche Frage: ‘Darf man in diesen furchtbaren Zeiten überhaupt noch Kinder in die Welt setzen?’ *Solche Bedenken sind unchristlich, weil sich der Mensch zum Herrn über das Leben macht, statt auf Gottes Allmacht und Güte zu vertrauen.“*

Zur Frage der **Offenbarung**:

„Gott hat uns seinen Willen kundgetan, und wer diese Offenbarung kennt, muß sich danach richten. In einem Bild ließe sich das so erklären: Zum Muttertag brachten die Kinder ihrer Mutter jahrelang verschiedene Geschenke: das eine Blumen, das andere Süßigkeiten, das dritte etwas zum Anziehen. Einmal aber sagte die Mutter: ‘Ich möchte, daß ihr mir Bücher schenkt!’ *Und sie nannte ihnen die entsprechenden Titel. Von da an sahen sich die Kinder dazu verpflichtet, den Wunsch der Mutter zu erfüllen. Wir glauben, daß Gott uns durch die Propheten und zuletzt durch seinen Sohn seinen Willen geoffenbart hat. Diesen gilt es zu erfüllen.“*

„Gott ist allmächtig und allwissend. In seiner Allmacht hätte er seinen Sohn auch aus der ehelichen Verbindung von Maria und Josef Mensch werden lassen können, aber das entsprach nicht sei-

nem Ratschluß.“

Dr. Maier sprach mit uns auch gern ganz zwanglos über aktuelle Filme, Theater- und Konzertaufführungen oder Bücher. Den Film über den Erfinder Rudolf Diesel nahm er zum Anlaß, uns zu erklären, daß sich der Mensch keiner irdischen Aufgabe restlos verschreiben darf: *Kein Wissenschaftler, kein Forscher darf seine Arbeit zum alleinigen Zweck seines Lebens machen. Das wäre Götzendienst. Gott allein hat unser höchstes Ziel zu sein.*

Zu dem Roman *„Vom Winde verweht“* von Margaret Mitchell, von dem wir damals gefesselt waren, sagte er: *„Das ist die Geschichte einer Frau, die ständig auf der Flucht ist vor Gott.“*

Im Dom sollte einmal die Hohe Messe von Bach als Konzert aufgeführt werden. Konzerte in katholischen Gotteshäusern waren damals noch ziemlich selten. Dr. Maier sagte dazu: *„Dieses Werk ist zur Ehre Gottes geschaffen. Ob sie sich dessen noch bewußt sind, wenn sie morgen beim Konzert dasitzen, die ehemaligen Liberalen? Ob sie noch verstehen, was es bedeutet:* ‘Du allein bist der Heilige, du allein der Höchste, Jesus Christus . . .’?“

Dr. Maier verstand es, die jugendlichen Hörer in seinen Bann zu ziehen und eine ganz dichte Atmosphäre zu schaffen. Einmal habe ich leider diesen Bann ganz unfreiwillig gebrochen. Ich war zu spät dran für die Glaubensstunde. Irgendwer oder irgend etwas hatte mich aufgehalten. So schnell ich konnte, lief ich zum Prinzenweg und betrat atemlos, mit gerötetem Gesicht und zerzaustem Haar den Raum, in dem eine feierliche Stille herrschte. Hastig stammelte ich eine Entschuldigung und wunderte mich darüber, daß über die Gesichter meiner Mitschülerinnen ein Lächeln huschte, das bald in ein immer lauter werdendes Gekicher überging. Verlegen suchte ich mir einen Platz im Hintergrund. Dr. Maier ließ ein paar Minuten verstreichen und begann dann mit einem neuen Thema.

Nach der Unterrichtsstunde fragte ich meine Mitschülerinnen nach dem Grund ihrer plötzlichen Heiterkeit. Sie sagten: *„Herr Dr. Maier war gerade dabei, über den Tod zu reden und stellte uns drastisch vor Augen, was mit uns einmal geschehen werde, wie der Leib verfallen und verwesen werde, und gerade da bist du hereingeplatzt, höchst lebendig und mit einer banalen Entschuldigung . . .“*

Manchmal verwies Dr. Maier über den Tag hinaus auf unser späteres Leben: *„Wenn Sie als Ehefrau und Mutter oder aber als*

Studienrätin selbst Jugendliche zu unterweisen haben . . ." - „Eine Studienrätin ist also der Gegenpol zur Frau und Mutter", sagte ich auf dem Heimweg zu meiner Schulfreundin, *„sie ist und bleibt unverheiratet!"* Wir lachten damals darüber, aber ganz unbewußt bin ich in meinem eigenen Leben dieser Leitlinie gefolgt.

Zum letzten Mal traf ich Dr. Maier auf dem Domplatz im Winter 1944/45. Wir reichten uns die Hand, und er fragte mich, was ich seit dem Abitur im Februar 1944 getan hätte. Das war schnell erklärt: Ich leistete den sogenannten Studentischen Ausgleichsdienst ab und brachte gerade mit dem Fahrrad zwei kleine Holzkisten in die Annahmestelle für Expreßgut, die man in dem Eckhaus Domplatz-Pfauengasse eingerichtet hatte. Wir sagten uns nichts Bedeutungsvolles, höchstens, daß wir hofften, der furchtbare Krieg möge bald zu Ende sein. Dr. Maier wünschte mir Segen für die Zukunft. Ich sah ihn darauf noch ziemlich regelmäßig sonntags bei den Predigten im Dom, auch noch bei seiner letzten Predigt vor seinem Tod.

(Georgine Stail, 93047 Regensburg, 1995)

2. Eine tiefe Bereicherung

„Hierzu [für die Glaubensstunden] wurde uns der Domprediger Dr. Maier als Religionslehrer durch das bischöfliche Ordinariat zugeteilt. Wir, als Schüler, waren damals wegen des politischen Stils Dr. Maiers sehr skeptisch, wurden aber wegen seines theologisch und didaktisch hochstehenden Vortrags bald eines Besseren belehrt und folgten begeistert den Ausführungen Dr. Maiers. Wie alle Jungen in diesem Alter waren wir damals sehr kritisch gegen alle Religionslehren eingestellt, fanden aber in Dr. Maier, in seiner ruhigen und bescheidenen, hochintellektuellen Art, bald unseren Meister.

Nach dem Unterricht durfte ich einige Male Dr. Maier nach Hause begleiten. Die langen Heimwege waren für mich jedes Mal eine tiefe Bereicherung [. . .]"

(Dr. Wolfram Staudinger, 93057 Regensburg, 1992)

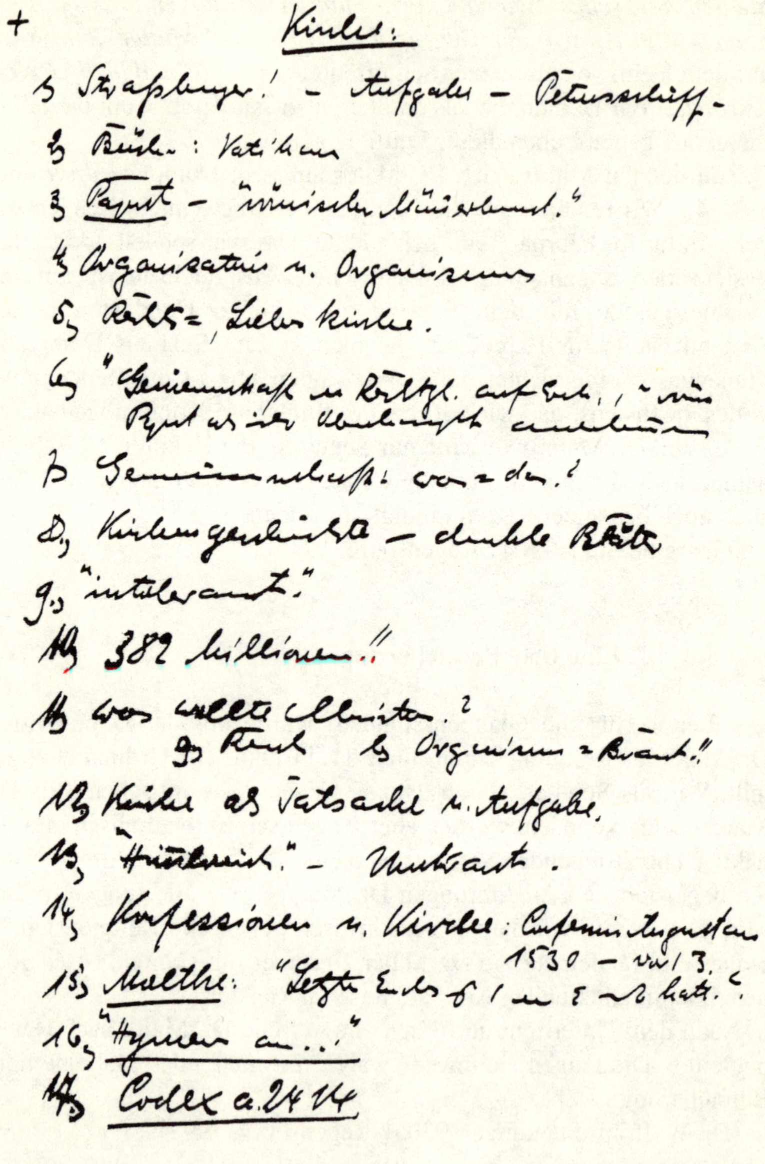
Kirche.
1.) Straßburger! – Aufgabe – Petrusschiff –
2.) Buch: Vatikan
3.) Papst – „römischer Mißstand."
4.) Organisation u. Organismus
5.) Kult = Liebe Kirche.
6.) [illegible]
7.) Gemeinschaft: woher?
8.) Kirchengeschichte – dunkle Punkte
9.) „intolerant."
10.) 382 Millionen!!
11.) was wollte Christus?
a) Kult b) Organismus – Braut!
12.) Kirche als Tatsache u. Aufgabe.
13.) [illegible] – [illegible]
14.) Konfessionen u. Kirche: Confessio Augustana 1530 – [illegible]
15.) [illegible]
16.) „Hymnen an .."
17.) Codex a. 2414

Faksimile: Skizzen für einen Vortrag Dr. Maiers, vielleicht vor einer Gruppe von Armen Schulschwestern; aus dem Besitz von Sr. Agathangela Paulus, deren handschriftlicher Eintrag rechts unten lautet: „Schrift des H. H. Dr. Maier." Vermutlich ein ihr überlassenes Andenken an Dr. Maier. (A.P.-A)

[Die Stichpunkte lauten:]

Kirche

1. Straßburger! - Aufgabe - Petrusschiff
2. Bücher: Vatikan
3. Papst - „römischer Männerbund" [Priester]
4. Organisation und Organismus
5. Rechts- [und] Liebeskirche
6. Gemeinschaft und [Rechtgläubigkeit?] auf Erden, die den röm. Papst als ihr Oberhaupt anerkennen
7. Gemeinschaft: Was ist das?
8. Kirchengeschichte - dunkle Blätter [Mißstände?]
9. „intolerant"
10. 382!! Millionen [Katholiken?]
11. Was wollte Christus?
    a) Reich b) Organismus [ist] Braut!!
12. Kirche als Tatsache und Aufgabe
13. „Himmelreich" - Unkraut
14. Konfessionen und Kirche: Confessio Augustana 1530 - [war nicht . . . ?]
15. Moltke: „Letzten Endes müssen wir alle wieder einmal katholisch werden."
16. „Hymne an . . ."
17. Codex a. 2414

[schwer lesbar:] *Schrift des H. H. Dr. Maier*

Die Tuschezeichnung (von Josef Schiller) zeigt das Colosseum in Rom, wo Dr. Maier von 1928-1935 an der Päpstlichen Universität Gregoriana studierte.

E. Der Seelsorger

a) Sünde und Erlösung

1. Die 10 Gebote

„Die 10 Gebote sind Warntafeln auf dem Lebensweg, die das Leben schützen. Die 10 Gebote nützen auch dem Mitmenschen; der Sonntag dient zudem der Muße an diesem Tag. Sofern mir jemand beweisen kann, daß die 10 Gebote dem Menschen schaden, dann halte ich sie auch nicht mehr."

(A.K., 1943)

2. Sehnsucht des Herzens

„Wenn heute jemand auf dem Nordpol eine Nadel finden würde, die jemand dort hinterlassen hat, müßte man annehmen, daß Menschen dort gewesen sind. (Wenn sich im Herzen des Menschen die Sehnsucht nach dem Ruhen im Glück findet, muß man annehmen, daß jemand diese Sehnsucht dort ins menschliche Herz hineingelegt hat.) Augustinus sagt: ‚Unruhig ist unser Herz, bis es ruht in Gott.' *Wie die Schwerkraft alles zum Erdmittelpunkt hinzieht, so sehnt sich das Herz nach Gott."*

(A.K., 1943)

3. Der gute Freund

„Wir sollten uns vorstellen, daß Gott uns wie ein Freund besuchen will: Wie möchte er uns dann vorfinden?"

(A.K., ca. 1945)

4. Sünde als Wasserschosse

„Die Sünde ist, nach einem Vergleich des Heiligen Johannes vom Kreuz, wie eine nutzlose Wasserschosse, die aus dem Stamm des Baumes heraustreibt und dem Baum die besten Kräfte entzieht. Dies stimmt. Ich habe deswegen noch einmal im Lexikon nachgeschaut.

Wie ein Bäumchen schief wachsen kann, so biegt die Sünde den Menschen auf eine Seite hin. Wie kann man Abhilfe schaffen? Um das junge Bäumchen wieder in die Mitte einschwingen zu lassen, muß man es [durch Buße und Umkehr] *kraftvoll gewaltsam auf die Gegenseite hinüberziehen, und zwar deutlich über die richtige Mitte hinaus. Das*

Bäumchen schwingt dann nach der zur Korrektur notwendigen Zeit wieder in die rechte Mitte ein, wenn man mit der aufgebotenen Spannung nachgelassen hat.“

(A.K., ca. 1944)

„Die Beichte ist […] das allerpersönlichste Sakrament, weil es fordert, daß Du die Wasserschossen auf den niederen Trieben Deines Lebensbaumes, die ein Anzeichen der beginnenden Wipfeldürre sind, absterben läßt, und das kostet Blut, damit Du wieder einwachsen kannst in den Rebstock und den gleichen Blutstrom wie Christus.“

(5. FPr, 22.3.1945, Fasz. 44, S. 25)

5. Beichte als Medizin

„Ein Schweizer Nervenarzt empfiehlt Nervenleidenden, die katholisch sind, zuerst einmal zu beichten.“

(A.K., ca. 1944)

6. In der Beichte zu fordernd

„Ich beichtete einmal bei ihm. Er war aber zu fordernd, und deshalb ging ich nicht mehr hin.“

(ungenannt, ca. 1985)

7. Zwanzig Purzelbäume schlagen

„Glauben ist genauso, als wenn man auf einer Mauer steht und sich rückwärts hinunterfallen läßt. Man muß sich beschenken lassen, sich aber auch bedingungslos preisgeben; dann läßt sich Gott in seiner Großmut von niemandem übertreffen. Wer sich Gott überläßt - auch der reuige Sünder - wird noch zwanzig Purzelbäume vor Freude machen.“

(A.K., 1943)

8. Zettel für Ratsuchende

Dr. Maier hielt immer Denk-Zettel bereit, die er selbst auf der Schreibmaschine abgeschrieben und auf seinem Greif-Abziehapparat vervielfältigt hatte, den ihm jemand geschenkt hatte.

a) Der erste Spruch zeigt, wie er angefochtenen Menschen Mut machen wollte.

b) Der Spruch des Psychologen Friedrich Künkel spricht die für Dr. Maier zu erstrebende rückhaltlose Hingabe an Gott aus und ist außerordentlich kennzeichnend für Dr. Maier.

c) Das Gebet Epiktets verwandte er zu wiederholten Malen bekenntnishaft und ist manchem Schüler oder Predigtbesucher noch nach Jahrzehnten in Erinnerung geblieben.

(A.K., ca. 1943)

a) Jeder Mensch:

hat ein Recht darauf, glücklich zu werden. Um glücklich zu werden, ist keiner zu arm. Um glücklich zu werden, ist keiner zu alt. Um glücklich zu werden, ist keiner zu schlecht.

b) Wer das Glück verspricht,

wer die Ruhe und den Frieden verspricht, ohne dafür zu fordern die volle Preisgabe des ganzen Ich an den Unendlichen, der unterbietet Gott, weil er die Seligkeit billiger zu verkaufen verspricht, als wofür sie zu haben ist.

(Fr. Künkel) [Psychologe 1889-1956]

c) Gebet eines Heiden:

Tu mit mir, was du willst, ich stimme mit dir überein. Ich wende nichts ein gegen deinen Ratschluß. Wohin du willst, führe mich. Willst du, daß ich arm oder reich, gesund oder krank, verbannt oder in Ehren bin, ich will dich rechtfertigen für alles.

(Epiktet, 50-138 n. Chr.)

9. Wüstenwanderungen

„Manchmal vermeint man durch eine innere Wüste zu wandern. Doch sind gerade die Wüstenwanderungen die wertvollsten. Weitergehen, weitergehen! Die heilige Katharina von Siena hat jahrelang keinen geistlichen Trost empfunden, und doch ist sie eine große Heilige.“

(A.K., ca. 1944)

10. Vertrauen:

Der meine Kraft zerbrach
wie einen Krug,
Der all mein Wollen jäh
in Stücke schlug,
Der all mein Streben aufhielt
wie ein Damm,
Der wie ein Hagel in mein
Wünschen kam -
Der ist's, dem ich vertraue
ganz und gar,
Er weiß allein, wie morsch
mein Wesen war.
Er wandelt mich
nach seinem Willen um.
So sei es denn:
ich bin sein Eigentum!

(*Seele*, Juli 1927; von Dr.M. geschätztes Gedicht)

11. Das Menschenleben gleicht einem Lied:

Jedes wahre Lied gleicht einem Vogelruf,
den der Herr in seiner Güte schuf
seine Frühlingsboten aufzuwecken:
daß es an der Zeit,
weit und breit
ihre farbenfrohe Herrlichkeit
himmelwärts zu recken!

Jedes wahre Lied gleicht einem Reis,
das in tausend Ängsten, fahl und weiß,
zwischen Pflastersteinen keimt
und endlich grünt -
bis es seine Sucht nach Licht und Sonne,
seine kurze, karge Farbenwonne
unter harten, augenlosen Tritten sühnt!

(Christian Siemens; vgl. Bem. zu Nr. 10, S. 102)

12. Ängstlichkeit und Sterben

„Man darf nicht ängstlich sein und immer überlegen: Kann ich diesen Schritt noch tun, geht es jetzt noch weiter? Man muß ein gewisses Risiko auf sich nehmen, ja ein gewisses Risiko muß man auf sich nehmen. Das Sterben mag schwer sein: Aber diese Hand, die einmal verdorrt sein wird, kann jetzt noch ein Glas Wasser reichen, und dieses Auge vermag noch gütig zu blicken, und dieser Mund kann noch gute Worte sagen. Ein Sterben mag schwer sein, es soll uns aber nicht elegisch [wehmutsvoll] *machen."*

(A.K., ca. 1945)

13. Der gute Wille zählt

„Habe ich Ihnen schon erzählt von einem Bekannten, der mich in einer Gewissensangelegenheit besuchen wollte. Er war der Bruder eines Mannes, der bei mir konvertierte. Er wurde aber auf der Fahrt zu mir von einem Fliegerangriff überrascht und sprang aus dem Zug; auf dem Geleise hat man ihn später tot gefunden. Der Herrgott hat an gutem Willen von ihm nicht mehr als dies erwartet."

(A.K., ca. 1944)

RM. 0,80

DR. JOHANN MAIER

Domprediger in Regensburg

23. April 1945 — **zum Gedächtnis** — 23. April 1946

Bischofsworte

aus der Ansprache des Hochwürdigsten Herrn Bischofs Dr. Michael Buchberger beim Trauer-Gottesdienst im Dom am 13. Mai 1945

Wir trauern heute ganz besonders um jene, die mit uns in der Stadt Regensburg die letzten schweren Monate durchgemacht und dabei ihr Leben zum Opfer gebracht haben. Unter diesen Kriegsopfern ist eines, dem wir zu besonderem Dank und treuem Gebetsgedenken verpflichtet sind: Herr Domprediger Dr. Johann Maier. Auf ihn können wir wirklich das Wort anwenden: „Eine größere Liebe hat niemand als daß er sein Leben hingibt für seine Freunde!" Die Liebe zu der von Unheil und Untergang bedrohten Stadt Regensburg, die Sorge um das Leben ihrer Bewohner hat ihn getrieben vor einer verängstigten Volksmenge die Kanzel einer Luftschutzlamelle zu besteigen und zu sprechen an das Volk und für das Volk. Er durfte annehmen, daß die Volksmenge nach dem Wunsch maßgebender Stellen zusammengekommen war, um die Stimmung und den Willen des Volkes kennen zu lernen. Es haben ja Angehörige der Polizei und Partei dazu eingeladen. Dr. Maier

8seitiges Gedenkblatt „Dr. Johann Maier zum Gedächtnis", Verlag J. Habbel, 1946

E. Der Seelsorger

b) Ehe und Jungfräulichkeit

1. Lüge und Unreinheit

„Thomas von Aquin sagt, die Unreinheit trübt die Erkenntnis. Es gibt einen Zusammenhang von Schwächen. Lüge und Unkeuschheit sind verwandt. Unreinheit ist wie ein Rauhreif für einen jungen Menschen."

(A.K., ca. 1944)

2. Drei Wurzeln des Unglaubens

„Er war einmal bei einer Gesellschaft von Wehrmachts- oder Parteileuten eingeladen und debattierte mit ihnen. Als er sich von diesen abgestandenen oder abgefallenen Christen verabschiedete, gab er auf ihre Frage, warum sie selbst nichts mit dem christlichen Glauben anfangen könnten, diese Antwort:

‚Der Unglaube kommt aus drei Wurzeln: dem Stolz und der Unkeuschheit!' Der Maier nannte auch noch irgendeinen 3. mir entfallenen Grund und fuhr fort.

‚Diese drei Dinge. Eines trifft auch auf Sie zu.'

In der Folgezeit besuchten ihn einige dieser Herren."

(G.S., 1952)

3. Goldener Mittelweg

„Es gibt überall ein Zuwenig und ein Zuviel. Wie es ein Zuwenig in der Gottesverehrung gibt, so gibt es darin [abhängig von den Umständen] *auch ein Zuviel.*

Wenn mein Haus oben brennt [Luftangriffe!], *darf ich nicht unten sitzen bleiben, sondern muß gleich löschen. Wenn irgendeiner Not abzuhelfen ist, darf ich nicht zur Kirche gehen. Es gibt auch in geschlechtlichen Dingen ein Zuviel und Zuwenig. Ein Zuwenig etwa dann, wenn man diese Kräfte nicht gebraucht, wo man es sollte."*

(A.K., ca. 1944)

4. Ehe und Jungfräulichkeit

„Der erste Kuß gehört der Braut, der Mutter meiner Kinder; und wenn ich nicht heirate, gehört er gar niemandem. Ich muß mich fragen: Würde ich meine Frau noch lieben, auch wenn sie ein verhutzeltes Weiblein geworden ist? Braut und Bräutigam lassen sich 'trauen', weil sie sich 'vertrauen'. Nietzsche schreibt einmal: 'Ich habe eine Frage an dich allein, mein Sohn. Wie ein Senkblei werfe ich sie hinab in deine Seele: Du bist ein Mann, du wünschest Dir Frau und Kind; aber ich frage dich: . . .'."

(A.K., ca. 1944

5. Die „ungebrochene" eheliche Treue

„Der Krieg bringt wegen der häufigen Trennung der Ehepartner vielfältige Gefahren für die eheliche Treue mit sich. Wenn die beiden Eheleute sich nach längerer Zeit wieder treffen, soll ihre Liebe noch so frisch sein wie die Bruchstellen eines entzweigebrochenen Stabes, den man mit den zersplitterten Enden wieder zusammenfügt, wobei äußerlich keine Bruchstelle sichtbar bleibt. Eine gefährdete christliche Ehe ist heilbar.

Für einen jungen Ehemann kann es eine große Kraftanstrengung erfordern, sich mit seinen ehelichen Liebesbegegnungen zurückzuhalten, wenn bei seiner Frau irgendein Grund für eine solche Zurückhaltung des Mannes vorliegt."

(A.K., ca. 1944)

6. Dr. Maier rettet eine Ehe

„Eine andere Frau, die Dr. Maier betreute, war eine Krankenschwester, die in einem Krankenhaus einen Arzt kennenlernte. Die Vorbedingung für eine Heirat, die von ihm, der ein Protestant war, ausging, war, daß keine Kinder kommen sollten. Ihr kam das schwer an, aber sie tat dann mit, weil sie den Mann schätzte. Als diese beiden bereits 20 Jahre verheiratet waren, faßte die Frau den festen Entschluß, sich scheiden zu lassen. Ihr Mann aber wollte, während sic schon grau war, noch einen Erben, was sie ihrerseits nicht mehr wollte; und sie hielt an ihrer Scheidungsabsicht fest.

Dr. Maier, der von dem Eheproblem erfuhr, richtete seine Predigt darauf aus und hat sie von ihrem Vorhaben abgebracht. Dies bezeugte die Frau selbst.

Sie war von seiner Predigt betroffen und war ganz aufgebracht und nahm sich vor: *„Dem werde ich das schon sagen!"* Um Dr. Maier zu widerstehen und vor ihm ihre Lage zu schildern, besuchte sie ihn. Dr. Maier brachte sie von ihrem Entschluß ab. Sie bekam dann ein Kind, einen süßen Engel, das bald darauf starb. Dann kamen Zwillinge. Der Mann starb an den Folgen eines Autounfalls, wollte aber vorher konvertieren. Auf dem Sterbebett sagte er dann nur noch *„katholisch"*. Und so konnte es Dr. Maier erwirken, daß er auf seinem Sterbebett katholisch wurde und auch so beerdigt wurde. Diese Frau ist heute auch schon tot, ein Sohn lebt noch. Die Kinder werden ihnen schon Fürsprecher im Himmel sein."

(G.S., ca. 1952)

7. Das Liebespaar

„Einmal hielt ich an Pfingsten eine Frühmesse. Nach dem Evangelium entschloß ich mich, obwohl ich das nicht vorgehabt hatte, zu einer Ansprache. Ich predigte über den Geist des Pfingstfestes; geraume Zeit danach kam ein junges Liebespaar zu mir und dankte mir für diese Predigt, weil sie sonst während ihres Pfingstausflugs gesündigt hätten."

(A.K., ca. 1944)

8. Die Ehe als Gut

„Die Güter der Ehe sind die Kinder und die Liebe der Ehegatten. Es ist nicht ratsam, auf die Ehe, außer aus einem hochrangigen Grund, zu verzichten, vielleicht einmal bei einem Wissenschaftler, vielleicht auch einmal bei einem Staatsmann."

(A.K., ca. 1944)

9. Jungfräuliche Geburt

„Die jungfräuliche Geburt Christi aus Maria sollte nicht möglich sein? Gott sollte nicht möglich sein, was einem Manne möglich ist? Als ich einmal eine Predigt über dieses Thema hielt, wollte ein Seminarleiter diese Predigt für seine Seminaristen haben, so gut gefiel ihm der Gedankengang."

(A.K., ca. 1944)

10. Osterbeichte

„In einer Glaubensstunde vor Ostern bereitete er uns etwa 17jährige einmal auf die Osterbeichte vor, indem er die einzelnen Gebote durchging und ohne ungebührliche Nachdrücklichkeit die menschlichen Schwächen in unser Bewußtsein hob. Die Behandlung des 6. Gebots erfolgte in einer Art überlegenen, unangefochtenen Zwanglosigkeit, die niemals auch nur annähernd die Grenze der Peinlichkeit berührte."

(A.K., vermutlich 1945)

Tuschezeichnung von V. Stürmer „ Not der Männer". R. Bürger plante die Übernahme dieses Bildes in seine Darstellung der Ereignisse des 23.-24.4.1945 [A.K.]

1. Unendlicher Kanon (zweistimmig) Verfasser Dr. J. Maier?

*) Die mögliche Variante e¹ auf Schlag 4 in Takt 1 bezw. **) die Verwendung der Rhythmusfolge ♩. ♪ ♩ ♩ in Takt 3 führen zu unerwünschten Parallen bezw. zu wohl kaum beabsichtigten Dissonanzen im weiteren Verlauf.

2. Unendlicher Kanon (vierstimmig)

3. Unendlicher Kanon (achtstimmig)

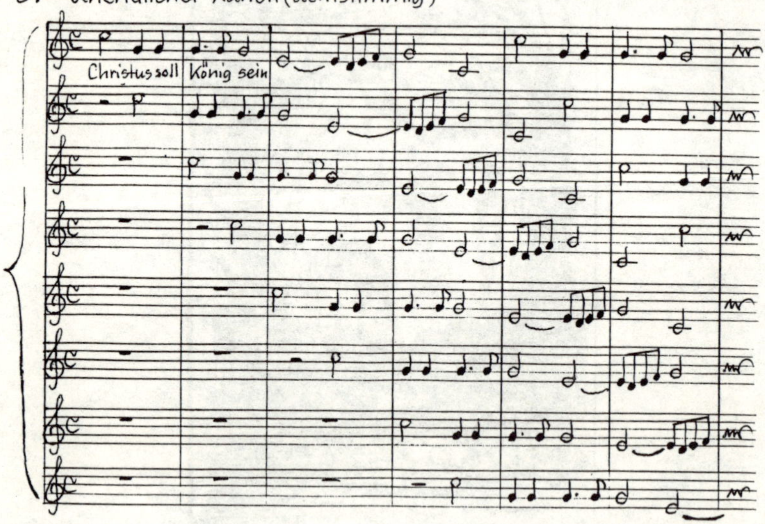

Diesen Kanon sang Dr. J. Maier häufig mit seinen Schülern der dritten und vierten Volksschulklassen der Klarenangerschule; siehe Darstellung auf S. 109

F. Nationalsozialismus

1. Der mißliebige Kanon des Dompredigers

Im Mai 1942 kam ich als 9jähriger nach Regensburg, aus einem Münchner Kindl wurde ein Domspatz, der in der Zeit zwischen 1942 und 1943 die 3. und 4. Klasse der Volksschule am Klarenanger besuchte, bevor ich im Herbst an das Alte Gymnasium übertrat. Während einer Zeit von etwa eineinhalb Jahren unterrichtete uns der damalige Domprediger Dr. Johann Maier als Religionslehrer, dessen außergewöhnliche Priesterpersönlichkeit mir seitdem unvergessen geblieben ist. Die Klarenangerschule stand meinem Eindruck nach unter dem Einfluß der nur einen Steinwurf entfernten Kreisleitung

Ich erinnere mich an einzelne Lehrkräfte, die der braunen Ideologie erkennbar verbunden waren und dies auch in Äußerungen und ihrem sonstigen Verhalten deutlich werden ließen. Ein Gottesmann wie Dr. Maier mußte [im Kollegenkreis] in einer solchen Schule eindeutig als Fremdkörper empfunden worden sein, gegen einen solchen Außenseiter wurde sicherlich auch gehetzt.

Mit der *musica sacra* zu tun hat die damalige Angewohnheit Dr. Maiers, oftmals den Unterricht durch einen mit uns einstudierten Musikkanon abzuschließen, dessen Text *„Christus soll König sein über alle Völker“* lautete. Schon damals - und noch deutlicher heute - empfand ich diesen Kanon als geradezu beabsichtigte Demonstration gegen die NS-Ideologie, und bezeichnenderweise blieben mir seit über 50 Jahren sogar Melodie und Text unauslöschlich eingeprägt. Aufgrund der einfachen Melodik der Kanons mag sogar die entfernte Möglichkeit bestehen, daß Dr. Maier den Spruch selbst entworfen und ihn vertont hat.

Der Wortlaut dieses Kanons steht heute in meinen Augen gleichnishaft für das damalige feindliche Aufeinanderprallen zweier Weltanschauungen: Christus war in diesem Kanon der milde *„König über alle Völker“* und Rassen. Für den NS-“Führer“ Hitler gab es nur die arische Rasse, andere Völker und Rassen, insbesondere die jüdische, mußten unterjocht oder ausgemordet werden.

Das wiederholte mehrmalige Absingen dieses Kanons, den wir wegen der ausreichenden Anzahl an Domspatzen wahrscheinlich vierstimmig sangen, weckt die Erinnerung an die Unterrichtsstunden für unsere Klasse im Musikzimmer. Vor dem Unterrichtsraum entstand dann gelegentlich Lärm, es wurden laute Kinderstimmen hörbar, die deutlich „*Glora*“ schrien, vermutlich eine Verballhornung des liturgischen Wortes „*Gloria*“, womit meinem Eindruck nach Kirche und Priester verspottet werden sollten.

So erscheint es mir heute kaum der Rede wert zu erwähnen, daß Dr. Maier, soweit mir erinnerlich, nie den NS-Gruß, den sogenannten „deutschen Gruß“ benützte, ganz im Gegensatz zu einigen „Professoren“ am Alten Gymnasium.

(Prof. Dr. Franz Wirth, 80803 München, 1995)

2. Vielleicht die Endzeit

[Er zitierte aus dem Neuen Testament:]

„Es werden Zeiten kommen, wo man Gott einen Gefallen zu erweisen glaubt, wenn man euch tötet.“ [Er machte auch einmal die Bemerkung:] *„Das Ende der Welt kann jederzeit sein, heute und morgen.“*

[So gesehen konnte Hitler womöglich der Antichrist sein, was uns aber nicht so klar bewußt wurde.]

(A.K., ca. 1945)

3. „Und wenn sie mich heute nacht noch abholen.“

„Die SS ist nicht nur nicht christlich, sondern nicht einmal germanisch, denn die Germanen haben ihre Feinde nicht getötet. Das muß ich sagen, und wenn sie mich heute nacht noch abholen.“

[Gemeint war mit dieser Bemerkung im Unterricht wohl, wenn auch nicht deutlich ausgesprochen, das Niedermachen von Gefangenen und die Ausrottung der Juden.]

(A.K., 1944)

4. Dr. Maier von der Kanzel schießen

„Die SS wollte ihn [angeblich] schon einmal von der Kanzel herabschießen; da kam aber an diesem Tag ein Fliegeralarm dazwischen.“

(ungenannt, 1946)

5. Buben, das wäre der Untergang eurer Gruppe

„Wir suchten 1941 für unsere Regensburger Obergruppe Ost des Jungenbundes Neudeutschland (ND) einen geistlichen Führer. Da ich Dr. Maier von gelegentlichen Besuchen seiner Dompredigten her kannte, sprach ich in seiner Wohnung im Innenhof des Bischofshofes (1. Stock, links) vor.

Unser Ansuchen mußte er ablehnen, er sagte: *„Buben, das wäre der Untergang eurer Gruppe und für euch persönlich eine ganz große Gefahr. Ihr müßt wissen, ich werde beobachtet. Erst vor kurzem haben sie mir das Lautsprecherkabel im Dom durchgeschnitten.“*

Wir trafen uns weiterhin mit unserer Gruppe in der Wohnung der Bundesbrüder Rudolf und Fritz Haslsteiner am Minoritenweg 32. Weil in der Nähe der Leiter des NS-Sicherheitsdienstes [SD] wohnte, verabredeten wir, falls wir kontrolliert worden wären, zu sagen, wir lernten gemeinsam für die Hausaufgaben.

Die geistliche Betreuung der Gruppe übernahm der nachmalige Dompfarrkooperator Karl Böhm und spätere Kolpingdiözesanpräses.

Nach meiner Heimkehr aus dem Krieg war die Nachricht von der Hinrichtung des Dompredigers für mich eine große Erschütterung.“

(Ludwig Götz, 93049 Regensburg, 1994)

6. Euthanasie ist Mord

„Ich besuchte als seine Schülerin oft Dr. Maiers Predigten im Dom. Deutlich erinnere ich mich an seine Aussaage:

‚Die Vernichtung des sogenannten lebensunwerten Lebens ist Mord!‘“

(Georgine Stail, 93047 Regensburg, 1990)

7. Nutzen für den NS-Staat

„Heute heißt es: Gut ist, was dem Staate nützt. Was mir nützlich erscheint, ist nicht immer gut. (Wenn ich meine, ein Bier diene der Stillung meines Dursts, so ist es aber nicht immer gut.)“

(A.K., ca. 1944)

8. Angst

„Er hatte keine Angst vor der Verhaftung durch Häscher der Partei. Er sprach immer von dem Wort Christi:

'Wenn man euch vor Gericht bringt, kümmert euch nicht!' "

(G.S., 1952)

9. Eugen Diesel, Werner Bergengruen, Prof. Dr. Kurt Huber

„Einmal war [1942] eine große, ganz auserlesene Herrengesellschaft da, unter anderem Diesel [der Sohn des Erfinders des Dieselmotors] und der Dichter Werner Bergengruen, der nämlich kurz darauf seinen 50. Geburtstag feierte [1892-1965], lauter hervorragende Männer. Diesel hat später in irgendeiner Zeitschrift geschrieben, wie schön die Tage in Regensburg gewesen sind. Auch mit dem Professor Dr. Kurt Huber stand er in Verbindung, der an der Universität München so überzeugt für den Glauben eintrat. [Hingerichtet 1943 als Mitglied der Widerstandsgruppe „Weiße Rose" der Geschwister Scholl.]

Professor Huber war aber nicht bei uns während dieser Tagung. Wohl um sich abzusichern, hat Dr. Maier über dieses Treffen auch so viel nicht erzählt."

(G.S., 1952)

10. Dr. Maier: „Wenn einmal ein Umsturz kommt!"

„Gute Bücher, etwa die des Paters Peter Lippert SJ, können der Fortbildung im Glauben nützlich sein. Wichtig ist, daß der Inhalt zieht. Wir Priester können nicht alles alleine machen. Das wird wichtig werden, wenn einmal ein Umsturz kommt. Das muß dann die Hitlerjugend ersetzen."

(A.K., 1945)

11. Frei reden dürfen

„Wie ich reden werde, wenn man einmal wieder frei reden darf!"

(ca. 1944/45)

12. Der unsichtbare Trauungsgast

Als ich Dr. Maier, den mein Verlobter, ein Reichsbahnbeamter, und ich von Weiden her kannten, 1942 bat, uns in der Alten Kapelle zu trauen, mußte er sich unserer Bitte versagen. Mein zukünftiger Mann, damals Reichsbahninspektor, der wie ich selbst in der Reichsbahndirektion Regensburg tätig war, bearbeitete im Fahrplanbüro die geheimgehaltenen Truppentransporte der Wehrmacht.

Dr. Maier sagte uns, er werde schon bespitzelt und überwacht; wenn er uns trauen würde, hätte mein Mann im Gegenzug vielleicht in Bälde seine Einberufung an die Front zu gewärtigen. Er würde aber trotzdem bei der Trauung anwesend sein, wir würden ihn nur nicht sehen können.

Bei unserer Trauung am 20. 6. 1942 – ich war damals gerade volljährig, also 21 Jahre alt –, ließ er sich unter den Gästen nicht blicken; vermutlich hielt er sich, von außen nicht erkennbar, hinter den verglasten Presbyteriumsemporen auf.

Zu unserer Trauung sandte er uns auch einen Glückwunsch, den ich aufgehoben habe.

Offenbar auf einen Gruß von meiner Seite hin schrieb er uns am 31.12.1942 auf einer Schmuckkarte: *„Für Ihre Wünsche herzlich dankend, sage auch ich Ihnen ein glückseliges neues Jahr. Gottes Segen und Freude und Friede. Dr. H. Maier.“*

Auf der Rückseite der Karte stand der Spruch des Angelus Silesius: *„Und wäre Christus tausendmal in Bethlehem geboren, und nicht in Dir – Du wärest ewiglich verloren.“*

(Elisabeth Breitschafter, 93051 Regensburg, 8. 4. 1995)

13. Ein alttestamentlicher Prophet

Am Sylvestertag 1944 oder am Neujahrstag des Jahres 1945 hörte ich Dr. Maier im Dom predigen. Ich besuchte ihn geraume Zeit später. Als damals 25jähriger Sanitätsfeldwebel tat ich Dienst im Seuchenlazarett in der Kreuzschule in Regensburg. Das elende Los der Verwundeten angesichts der vorrückenden Front bedrückte mich.

Bei Dr. Maier wollte ich mein Herz ausschütten, und ich besuchte ihn. Während des etwa einstündigen Gesprächs fand er tröstliche Worte und ermutigte zum Weiterleben, obwohl das Martyrium bevorstehen könne. Er sagte: „*Es wird furchtbar werden!*“

Sein seherischer Blick und der Verlauf des Gesprächs wühlten mich auf. Hier hatte ich einen alttestamentlichen Propheten vor mir.

(von Nikolaus Bauer, 93138 Lappersdorf, erweiterte Fassung seines Diskussionsbeitrags anläßlich des Dr.-J.-Maier-Symposiums des Katholischen Bildungswerks, Regensburg, Obermünsterzentrum, 5. April 1995)

Regensburger Kriegsmadonna von Josef Schiller, April 1945, Originalgröße 40 x 17 cm, Anm. zu Bild S. 115

Das Marienbild wurde in der zweiten Aprilhälfte 1945 unter der damaligen angstvoll empfundenen Kriegsbedrohung auf dünnes, technisches Konstruktionspapier gezeichnet. Dieses Transparentpapier stammte aus einer gemeinhin unbekannten Nebenstelle des Konstruktionsbüros für V-[Vergeltungs]-Waffen, das sich bis zum Kriegsende im 1. Stock des Rothdauscherhauses, Neupfarrplatz 7, fast noch im Schatten der Domtürme, befand.

In dem Büro der Leichtbauabteilung der Messerschmitt-Werke wurden von „Teil-Konstrukteuren" mit Hilfe von 13stelligen japanischen Logarithmentafeln die Seitenleitwerke einer neuen V-Waffe akribisch Punkt für Punkt äußerst zeitaufwendig manuell errechnet, um den günstigsten aerodynamischen Querschnitt zu erzielen. Die so errechneten Daten wurden der V-Waffen-Zentrale Peenemünde übermittelt.

Das sich an keinerlei Vorlage anlehnende Marienbild stellt dem befürchteten Unheil einer flächendeckenden Verwandlung der Stadt in ein Ruinenfeld, wie im Falle Dresdens und Würzburgs, die heilbringende, bergende Mutter- und Mittlerschaft Mariens tröstlich und schützend gegenüber.

Es spiegelt mehr als beredte Worte die Ängste in der damaligen Frontstadt Regensburg wider.

G. Opfergang

1. Dr. Maier wollte nicht fliehen

Dr. Maiers Vater sagte mir anläßlich der Überführung von dessen sterblichen Überresten vom Oberen in den unteren katholischen Friedhof am 23. April 1946:

„Wir sorgten uns, wenn er in den letzten Kriegstagen in der Stadt Regensburg bliebe. Wir sagten ihm, er solle sich zu uns aufs Land in Sicherheit bringen. Zu uns sagte er darauf:

‚Was täten denn da die Leute sagen! Wenn ich von der Barmherzigkeit Gottes predige, dann kann ich nicht selbst davonlaufen; man wird dann sagen: Schaut den Feigling an! Nein, das kommt nicht in Frage!' “

(A.K., 1946)

2. Aussage eines Offiziers

Ein Offizier, der in der Gegend der Pfarrkirche St. Cäcilia wohnte, telefonierte mit Dr. Maier noch am 23. April 1945 [dem Tag seiner Verurteilung zum Tode] und erinnert sich an dessen Worte:

„Ich werde wohl nicht mehr die Gnade haben, von der Domkanzel zu predigen!“

(A.K., ca. 1960)

3. Die Last solchen Vorwissens

„Zum Schluß sagte er: *‚Da bist Du* [L. Spießl] *nun 5 Jahre unterm Galgen herumspaziert - und nun ist auch das alles vorbei.'*

Und dann, mit einem ihm eigenen Blick wie in schmerzlichem Miterleben: *‚Du, einen meiner Vorgänger auf der Domkanzel haben sie auch aufgehängt!'* “ [. . .]

„Mit der Last solchen Vorwissens ging er an jenem 23. April seinen Opfergang.“

(BGR Ludwig Spießl; Predigt in Marklkofen, 20. 4. 1975; A.P.-A.)

4. Das Leben nicht der Güter höchstes

Im Unterricht zitierte er manchmal das Wort aus Schillers *„Braut von Messina“:*

„Das Leben ist der Güter höchstes nicht, der Übel größtes aber ist die Schuld."
(A.K., ca. 1943)

5. Totenkopf

„In einem Studierzimmer hatte er ursprünglich einen Totenkopf. Er wußte auch, zu welcher Person er gehörte.
Später erhielt der Totenkopf einen Platz in seinem Schlafzimmer."
(G.S., 1952)

6. Das Furchtbare auf sich nehmen

Dr. Maier sagte am 20. 04. 1945 zu seiner Tante Mabilia Maier, einer Armen Schulschwester in Stadtamhof:
„Am liebsten würde ich alle die Verwundeten, die Frauen und Kinder und die alten Leute aus der Stadt hinausbringen und allein [hier] bleiben, um all das Furchtbare auf mich zu nehmen an ihrer Stelle."
(Sr. M. Maier, BZAR, Fasz. 41)

7. Dr. Maier betet am Tage seines Opferganges in der Alten Kapelle

„Ich traf auf der Schwarzen-Bären-Straße am 23. April 1945, dem Tag der Demonstration, am späten Vormittag, vielleicht um 11 Uhr, Dr. Maier vor dem damaligen Möbelhaus Paulin, nahe der Alten Kapelle. Er ging auf mich zu und sprach mich an: *„Wie geht es Dir denn?"* Dr. Maier war damals etwa ab dem Jahre 1943 ca. 2 Jahre lang mein Religionslehrer am Müllerischen Mädchengymnasium am Petersweg gewesen.

Ich war bei Kriegsende genau 16 Jahre alt. Am Unterricht nahm ich rührig Anteil, was er an mir wohl schätzte. Wir Schülerinnen stellten ihm viele Fragen. Wenn die Fragen zu forsch und angriffslustig waren, nahm er dies meiner dunklen Erinnerung nach gelassen und überlegen hin. In Verlegenheit brachte es ihn nicht.

Da Sie mich nach einem Wort aus seinem Unterricht fragen, taucht jetzt gerade auf das lebhafteste die Erinnerung auf, wie er einmal sagte: *„Das Schönste auf der Welt sind Blumen, Musik und kleine Kinder."* An andere Einzelheiten aus dem Unterricht kann ich mich nicht mehr erinnern.

Seine tiefgründigen, durchdringenden Augen beeindruckten mich. Vor Beginn des Unterrichts grüßte er immer mit dem sogenannten „deutschen Gruß", wobei er nur die wohl von ihm verlangte Handbewegung mit dem ausgestreckten Arm vollführte, ohne jemals die Grußformel „Heil Hitler" auszusprechen.

Zeichnung von J.Schiller: Blick auf den Eingang der Gnadenkapelle

Nachdem mich Dr. Maier in der Schwarzen-Bären-Straße sichtlich erregt, ja aufgewühlt, angesprochen und mich bei der Hand ergriffen hatte, sagte er nachdenklich und bedeutungsschwer: *„Regensburg darf nicht zerstört werden!"* und nahm mich mit in die ganz nahe gelegene, der Alten Kapelle angegliederte Gnadenkapelle, wobei er mich bei der Hand nahm und mich bat, mit ihm zu gehen; die große Alte Kapelle selbst war geschlossen. Unterwegs hat er wohl auch angedeutet, wir sollten kurz zusammen beten, etwa mit den Worten: *„Wollen wir kurz beten?"*

In der kleinen Gnadenkapelle knieten wir hinter der rechten Bankreihe nieder, wo noch heute wie damals nur ein Brett zum Knien vorhanden ist. Er kniete links, gleich neben dem Mittelgang, ich rechts von ihm. Er stützte seinen Kopf durch seine Hände und verbarg darin in tiefster Sammlung sein Gesicht. Er betete vielleicht so lange, wie zwei Vaterunser dauern, keineswegs etwa eine Viertelstunde. Von der Begegnung mit Dr. Maier überrascht, ja überwältigt von dem ganzen Vorgang, konnte ich selbst kein Vaterunser beten. Ich war zutiefst erschüttert von der unheimlichen Rätselhaftigkeit dieses Betens.

Nach dem Besuch der Gnadenkapelle sagte er etwa: *„Ich wünsche Ihnen alles Gute!“* Bevor wir an der Stelle unserer vorhergehenden Begegnung auseinandergingen, sagte er sinngemäß etwa: *„Ein Mann wird Großes riskieren!“* Hierauf verabschiedete er sich von mir, indem er mit beiden Händen meine Hand drückte und mir Gutes wünschte. Er fragte mich noch: *„Kommst Du auch zur Versammlung?“* Ich versprach ihm dies. Hierauf trennten wir uns.

Am Nachmittag ging ich deshalb zwischen 17-18 Uhr auch zur Demonstration, und ich sah ihn, während ich wegen des bereits vorher herrschenden Gedränges auf eine Luftschutzlamelle des Karmelitenhotels in der Drei-Kronen-Gasse stieg, wie er sich, von der Maxstraße kommend, beim Hotel Karmeliten am gegenüberliegenden Bordstein einen mühsamen Weg durch die Menge bahnte. Wegen der dichten Menschenmenge, die schon vor der Demonstration den damaligen Moltkeplatz ganz füllte, bahnte er sich seinen Weg weiter in Richtung Neues Rathaus. Auf seinem Weg sah ich zwischendurch noch seinen Kopf in der Menge, bis er schließlich etwas weiter weg in der Menge untertauchte. Wo er gesprochen hat, weiß ich nicht; ich sah ihn später auch nicht mehr.

Als er aufgehängt worden war, brachte ich es nicht über mich, hinzugehen und den Mann anzuschauen, der mein Religionslehrer gewesen war, dessen Dompredigten ich so oft fasziniert besucht hatte. Tagelang empfand ich tiefe Trauer.

Die Begegnung mit Dr. Maier und dessen Gebet in der Gnadenkapelle sind mir in unauslöschlicher Erinnerung geblieben. Alles hatte mich zutiefst erschüttert. Über die Begegnung sprach ich zwar im Familienkreise, behielt darüber hinaus aber alles für mich. Zwei bis drei Wochen später, also kurz nach dem Kriegsende, wurde ich von meiner Familie gedrängt, mein bisher gehütetes Erlebnis der

Pfarrschwester von Niedermünster zu erzählen. Sie versprach, meinen mündlichen Bericht weiterzuleiten.

Seit jenem 23. April 1945 ist mir in lebenslänglicher Erinnerung an Dr. Maiers erschütterndes Beten die Gnadenkapelle an der Alten Kapelle zum Wallfahrtsort geworden."

(Gertraud Popp, geb. Geisenfelder, 93049 Regensburg, 1985)

8. Ohne Tröstung sterben

„Wenn man im Sterben der Verzweiflung nahe ist und keine Tröstung empfindet, so gilt es, sich daran zu erinnern, daß Christus am Kreuze auch nicht getröstet war. Wenn es der Teufel so haben will, dann soll es so sein. Ich selbst fürchte mich schon ein bißchen vor dem Tod." [Ein schwer deutbares Lächeln überflog dabei sein Gesicht.]

(A.K., ca. 1945)

„Und wenn ich heute sterbe, und Sie, so muß auch so das Leben weitergehen. Nur weitergehen, weitergehen!"

(A.K., ca. 1945)

9. Dr. Maier - Ein Glücksfall in meinem Leben; eine letzte Begegnung

„Als Sie [A.K.] mich 1993 in der Herz-Marien-Kirche ansprachen und fragten, ob ich Dr. Maier gekannt hätte und wie ich über ihn dächte, antwortete ich wegen der Umstände, die ein längeres Gespräch nicht zuließen, nur schnell und mit großer Überzeugung: *‚Er war ein wunderbarer Mensch!'*

Dazu stehe ich auch heute, 1995, noch:

Er war ein ganz großartiger Mensch und ein wunderbares Vorbild. Ich kenne niemanden, der eine so außergewöhnliche Persönlichkeit besaß, die man einfach verehren mußte.

Er erteilte zwischen 1942 und 1944 für unsere Mädchenklasse mit etwa 15 - 20 Katholikinnen in der Seitenkapelle der Niedermünsterkirche die freiwilligen Glaubensstunden; nie hat eine von uns (zunächst) 17jährigen gefehlt. Daß er an uns keinen Lippenstift sehen mochte, focht uns nicht an, und wir widerstrebten ihm da auch nicht. Bei ihm spürten wir ein geistiges Niveau, wie man es selten findet. Sein Unterricht war nicht superpädagogisch steif, eher locker; eins fügte sich bei dem Manne, der so gescheit war, zwanglos zum anderen; ein gewinnender Charme ging von ihm aus, der sich auch in kleinen, feinsinnigen Witzen kundgab, wie etwa, wenn er auf sein kahles „Haupt“ anspielend, meinte: *„Ein kahler Kopf ist der Beweis für die hinfällige Be-*Haupt*-ung eines Mannes.“*

In seinen Dompredigten, die ich gelegentlich besuchte, stellte er alles verständlich dar, nicht nur den Hochgeistigen, auch dem einfachen Volk waren seine Darlegungen einsichtig. Da gab es die einfachen überzeugenden Gedankengänge, aber auch die Höhenflüge. Auf ihn trifft das Urteil zu: ein hochgeistiger und zugleich einfacher Mensch.

Dann kam die Zeit des Artilleriebeschusses, das tagelange Verweilen im Luftschutzkeller in der Waffnergasse beim Taxisschloß. Als uns im Hause einmal in den Tagen vor der Einnahme der Stadt das Wasser ausging, schickte meine Mutter mich und meine Schwester mit einem großen Einmachtopf zu der nahe gelegenen Schule der Englischen Fräulein. Beim Rundbogen des Helenentors war mit zwei querliegenden Baumstämmen, die übereinanderliegend ins Helenentor eingeklemmt waren, eine „Panzersperre“(!) errichtet worden, über die ich steigen wollte. Die Wache in Zivil hielt uns auf. Als ich Anstalten machte, darüberzusteigen und es wagte, gegen ihren Haltebefehl zu protestieren, herrschte mich einer an: *‚Noch einen Schritt, und Sie hängen am nächsten Baum!‘* Meine Schwester warnte mich: *‚Die machen's auch!‘* Wir gaben auf. Auch deshalb schon, weil der Herr Bachmann aus unserem Hause bei einem Feuerwehreinsatz in Regensburg von einem Artilleriesplitter tödlich getroffen worden war. Die Jammerschreie seiner Frau klingen mir noch heute in den Ohren.

Am Tag der Frauendemonstration schickte mich meine Mutter an eine Notausgabestelle für Lebensmittel, die in einem Torbogen schräg gegenüber der Dreieinigkeitskirche in der Gesandtenstraße eingerichtet worden war, und wo es z. B. Dosenmilch zu ergattern gab.

Als ich in der langen Reihe am Spätnachmittag wartete, kam Dr. Maier vom Bismarckplatz her, eiligen Schrittes vorüber. Mir ist nicht mehr erinnerlich, ob er aufgeregt war. Wir begrüßten uns. Er sagte mir, er werde zum Moltkeplatz gehen, da kämen Frauen zusammen zu einer Kundgebung. Ich aber mußte doch in meiner Warteschlange bleiben, die Lebensmittel waren überlebenswichtig. Als ich einwandte, da hinzugehen sei doch gefährlich, entgegnete er:

„Ich muß dorthin!“ Ich wünschte ihm alles Gute; meine Mutter bestärkte mich daheim, nicht hinzugehen.

Seither habe ich es als ein Geschenk betrachtet, als eine von wenigen noch vor seinem Tod ein paar Worte mit ihm gesprochen zu haben.

Als ich am nächsten Tag hörte, er sei aufgehängt worden, war ich zutiefst erschüttert. Nicht der Krieg mit seinen Bombenangriffen war für mich das Schlimmste, sondern dieser Tod des tiefverehrten Priesters, der nichts anderes getan hatte, als der geistige Führer hilfloser Frauen zu sein und nichts Kriegerisches vorhatte. Meine Bestürzung kann ich niemandem schildern. Ich bin selbst geradezu zusammengebrochen, meine Mutter mußte mich aus meiner Trauer reißen; wenn andere tagelang um ihn geweint haben, kann ich das gut nachfühlen. Es wäre mir schlechthin unerträglich gewesen, zum Galgen hinzugehen und ihn, den Entstellten, anzuschauen. Seinen Tod muß er irgendwie im voraus geahnt haben.

Die Lernjahre zu Füßen eines so außergewöhnlichen, klugen und kühnen Mannes graben sich tief in die Erinnerung einer Schülerin ein, zumal wenn er einen in einem ganzen Lebensabschnitt nachhaltig geprägt und Weisungen mit auf den Lebensweg gegeben hat, die uns ein anderer nicht hätte vermitteln können. Den Glaubensunterricht bei ihm betrachte ich als einen Glücksfall in meinem Leben. Immer habe ich ein Gebet für ihn, wenn mich der Weg an seinem Denkmal vorbeiführt. Im Grunde bin ich nie ganz darüber hinweggekommen, daß sein Leben so elend enden mußte.

Während meines Studiums in Würzburg stellte ich entrüstet fest, daß ein bei seinem Todestribunal Beteiligter in Würzburg als Rechtsanwalt tätig war.

(Elisabeth Meinel, geb. Birkner, Regensburg, 1993)

Die Tuschezeichnung (von Josef Schiller) zeigt links die Gedenktafel am Dachauplatz (Dr.-Wunderle-Straße) und zur Rechten den Standort des Galgens. Die Gedenkstelle ist nicht sichtbar. Die Tafelinschrift lautet:

VOR DIESEM HAUS HABEN IN DER NACHT VOM 23. ZUM 24. APRIL 1945 DOMPREDIGER DR. JOHANN MAIER UND LAGERARBEITER JOSEF ZIRKL ALS OPFER DES HITLERWAHNS DEN TOD DURCH ERHÄNGEN GEFUNDEN. SIE HATTEN GEBETEN, REGENSBURG DURCH KAMPFLOSE ÜBERGABE VOR DER ZERSTÖRUNG ZU BEWAHREN.

EHRE IHREM ANDENKEN.

Lichtbild Dr. Maiers vermutlich um das Jahr 1935. Das Bild wurde nach dem Tode Dr. Maiers ca. 1945 von dessen Haushälterin Greta Schubert mit einem aufgenähten Teil des Galgenstricks an Frau Helene Habbel (1905 - 1972) geschenkt.

In dem undatierten Begleitschreiben spricht Fräulein Schubert von einem „Teilchen von dem Strick, der dem sel. Verstorbenen zur Himmelsleiter wurde."

(Mit freundlicher Erlaubnis und laut Mitteilung von Frau Maria Habbel, 93051 Regensburg)

H. Nach der Hinrichtung

1. Wie die Mutter von seiner Hinrichtung erfährt

„Ein durchziehender Soldat kam zur Mutter auf den Bauernhof und sie schlug ihm Eier ein. Sie fragte den Soldaten, wie es in Regensburg geht. Der Soldat sagte: *‚Den Domprediger haben sie aufgehängt!‘* Die Mutter fragte zurück: *‚Gibt es da zwei* [Domprediger]?‘ Sie zeigte ihm das Foto ihres Sohnes. Der Soldat sagte: *‚Den!‘* Die Mutter fiel bewußtlos zusammen.“

(Bericht aus der Familie für A.K. ca. 1985)

„Die Mutter gab den durchziehenden Soldaten immer zu essen. *‚Dafür soll es auch meinen Kindern gut gehen‘,* sagte sie. Als wieder einmal ein Soldat durchzog, gab ihm die Mutter zu essen. Als er sagte, er käme aus Regensburg, wo man den Domprediger aufgehängt habe, zeigte ihm die Mutter ein Bild ihres Sohnes, und der Mann sagte: *‚Ja, der ist es!‘* Der Soldat ging dann und rührte das Essen nicht mehr an. Die Mutter brach daraufhin zusammen, und ich sah sie wie tot am Boden liegen.“

Der letzte Brief meines Bruders kam erst im Mai 1945 in Marklkofen an. Wir wunderten uns, daß er noch kam, da es doch die [US-]Zensur gab, und deshalb glaubten wir Angehörige [im ersten Augenblick], er könnte vielleicht noch leben.“

(Bericht der Schwester Maria Haltmayer für A.K., 1985)

2. Die Luftschutzlamelle als letzte Kanzel

„Zuerst hat man geglaubt, die Kundgebung ginge von Dr. Maier aus; das weiß man aber heute noch nicht. Sein Sterbekreuz hat er wahrscheinlich immer bei Alarm mitgenommen, (bestimmt weiß ich es nicht, ich nehme es jedoch an). Jeder ernste Christ hat das wahrscheinlich getan. Ich weiß noch gut, weil ich selbst dabei gewesen bin, wie er auf die Luftschutzlamelle in der D.-Martin-Luther-Straße gestiegen ist. Er war ganz blaß. Dann hat er gesprochen: *„Regensburger aller Glaubensbekenntnisse und aller politischen Überzeugungen!“* Die Menge war ganz still. Als er so gesprochen hatte, war er ganz der Dr. Maier. Das sind Augenblicke, die man nie in seinem Leben vergißt.

Als ich im Prozeß in Weiden aussagen mußte, legte man die Mitnahme seines Sterbekreuzes gegen ihn aus, er würde gewußt haben, auf was er sich einließ. Ich sagte dazu, das bedeute bei Dr. Maier nichts Besonderes, denn auch im Luftschutzkeller und auf Reisen nahm er es mit."

(G.S., 1952)

3. Wache am Galgen

„Bevor Dr. Maier, den ich persönlich kannte, hingerichtet wurde, hörte ich, als ich mich in dieser Nacht im Keller des Neuen Rathauses befand, ungefähr um Mitternacht, auf dem damaligen Moltkeplatz ein Geräusch wie von Holzhacken. Das Hinrichtungskommando errichtete den Galgen aus Fahnenmasten, Schreie hörte man nicht.

Am nächsten Morgen um halb 6 Uhr verließ ich das Neue Rathaus. Als ich am Städtischen Museum vorbeiging, wandte ich zufällig meinen Blick auf den Moltkeplatz und sah den Galgen. Ich ging in die Nähe hin und winkte den wachhabenden Polizisten, einen ehemaligen Frontkameraden aus dem Ersten Weltkrieg, heran. Er gab mir heulend die Auskunft, es sei Dr. Maier. Er war ganz gedemütigt, daß er in der Nacht schon einen anderen Wachtposten hatte ablösen müssen und diese Aufgabe zu übernehmen hatte.

Die Machthaber mochten wohl erhofft haben, mit der Hinrichtung des Dompredigers die Bevölkerung auf ihre Seite zu bekommen. Die eisige Ablehnung durch die Bevölkerung hat die Machthaber wohl überrascht; der Platz war fast immer leer."

(städtischer Beamter; 1954)

4. Begegnung mit dem Gehenkten

„In der Nacht vom 23. auf den 24. 4. 1945 fanden wir in der verlassenen NS-Kreisleitung ein ganzes Wein- und Spirituosenlager. Gegen vielleicht 2 Uhr des 24.4. stießen mir bei fast völliger Dunkelheit auf dem damaligen Moltkeplatz zwei Schuhspitzen gegen den Bauch. Ich sah einen großen Mann über mir hängen. Der Galgen war ohne Bewachung. Zu meinem Kameraden sagte ich entsetzt: *‚Da haben sie einen aufgehängt!'* und gingen zu unserer Truppe im Taxisschloß zurück. Es war wohl Dr. Maier."

(ein ungenannter ehemaliger Obergrenadier, 1993)

5. Seine Leiche in ein Loch

„Ein SS-Führer trat an diesem Tag mit dem Ansinnen an mich heran, daß *‚die Leiche dieses Verbrechers in irgendein Loch verschwindet',* wobei er meinem Eindruck nach an eine Verbrecherecke dachte, die es in manchen Friedhöfen noch gegeben haben mochte, bei uns aber nicht vorhanden war, so daß eine solche Bestattung bei uns nicht angängig war. Seine Leiche wurde m.E. von Luftschutzleuten vom Galgen abgenommen. Er wurde daraufhin beerdigt und später nach Entfernung der dünnen Erdschicht umgebettet."

(städtischer Beamter, 1954)

6. Die SS feiert den Tod Dr. Maiers

„Ungefähr im August 1990 kam eine Dame zu mir ins Pfarrbüro in Marklhofen und erkundigte sich nach dem Grab des Dr. Johann Maier. Sie fragte mich, ob ich ihr vielleicht eine Reliquie dieses von ihr sehr geschätzten Menschen vermitteln könnte. Auf meine Frage, warum sie Dr. Johann Maier so sehr interessiert, erzählte sie mir folgende Geschichte aus ihrem Leben:

Im Jahre 1945 besuchte ich in Regensburg das Gymnasium. Dr. Johann Maier war zu dieser Zeit mein Religionslehrer. Auf den Tag genau vier Wochen vor seiner Hinrichtung nahm er mich im Schulhof beiseite [...] und sagte zu mir:

‚Mädel, in 4 Wochen wirst Du von mir hören!'

Meine Eltern besaßen zu dieser Zeit etwas außerhalb Regensburgs eine Gastwirtschaft mit dazugehöriger Landwirtschaft. Eines Abends kam ein Haufen wilder SS-Leute in unseren Hof gefahren. Sie schrien und lärmten und begannen sich zu betrinken.

Meine Mutter versteckte mich im Stall in der Futterkiste vor den Männern, da sie Angst um mich hatte. Als sie in der Nacht kam, um nach mir zu sehen, waren diese Gäste immer noch da. Ich fragte, was die denn bei uns feiern. Da sagte mir meine Mutter, daß sie den Tod von Domprediger Dr. Maier feiern würden, den sie tags zuvor erhängt hätten. Es waren genau 4 Wochen vergangen, seit Dr. Maier mit mir gesprochen hatte.

Diese Dame, deren Namen ich leider nicht weiß, war Lehrerin und wohnte zuletzt in Bad Tölz. Sie war überzeugt, daß Dr. Johann Maier ihr schon in vielen schweren Stunden ihres Lebens beigestanden habe. Sie sagte mir, sie spreche immer wieder mit ihm und schöpfe unendliche Kraft und Zuversicht aus diesen Gesprächen."

(Edith Bayersdörfer, Pfarrsekretärin, 84163 Marklkofen, Februar 1994; Veröffentlichung nach Rücksprache mit Pfarramt Marklkofen; A.P.-A.)

7. Urteil zweier US-Offiziere

[Fräulein Greta Schubert, Dr. Maiers Haushälterin teilte mir 1952 mit:]

„Am Freitag [27. 4. 1945] war die Einnahme der Stadt. Eine Frau sagte mir, für Sonntag [29. 4. 45] wolle sich ein amerikanischer Offizier anmelden. Nach dem Einmarsch kamen zwei US-Offiziere in meine Wohnung. Sie erkundigten sich, wie Dr. Maier persönlich als Mensch war. Sie wollten sogar sein Schlafzimmer sehen. Sie sagten, wenn ich einmal nach Würzburg oder München käme, so könne ich sehen, was mit Regensburg geschehen wäre, wenn nicht Männer wie Dr. Maier gewesen wären. *Sie haben es Männern wie Dr. Maier zu verdanken, daß Regensburg noch steht.*

Das, was sie den Offizieren, deren Rang ich nicht weiß, erzählte, nahm ein Stenograph, den sie mitgebracht hatten, auf."

(G.S., 1952)

8. US-Soldaten kennen Bild und Persönlichkeit Dr. Maiers

Nach dem Einmarsch der Amerikaner klebten US-Soldaten einen Zettel an die Türe unserer in der Nähe der Dominikanerkirche befindlichen Wohnung, daß diese von Truppen nicht betreten werden durfte, weil sie in meiner Wohnung ein Bild Dr. Maiers sahen. Mit den anderen Wohnungen geschah dies nicht. Die Soldaten sagten, Dr. Maier habe die Stadt gerettet.

[Ähnliches berichtet Georgine Stail, 93047 Regensburg]

(ungenannt, ca. 1985)

9. Wanderer, kommst du nach Sparta ...

„Es war wohl in der Fastenzeit 1945, als Dr. Maier, wie seit 6 Jahren, die gesamten Fastenpredigten in St. Emmeram hielt. Vermutlich eher, um ein Gespräch zu führen, als aufgrund eigener Unwissenheit, fragte er mich, wie eigentlich der lateinische Gedenkspruch *[Dic hospes nos . . .]* für die kleine Schar der Spartaner unter ihrem Führer Leonidas, die sich der Übermacht der Perser bei dem Engpaß der Thermopylen todbereit entgegenstellten, und bis auf den letzten Mann fielen, im Deutschen lautete. Ich sagte ihm die berühmten Zeilen auf: *‚Wanderer, kommst Du nach Sparta, verkündige dorten, du habest uns hier liegen gesehen, wie das Gesetz es befahl.'*

Ich gewann den Eindruck, er wolle diese Zeilen, die den Todesmut des geringen Häufleins der Spartaner in aussichtsloser Lage rühmen, in einer seiner Predigten verwenden; und Jahre nach der Hinrichtung Dr. Maiers wurde ich gewahr, wie sich diese berühmten Zeilen mit nicht geringerem Recht auf Dr. Maier selbst und seine womöglich noch ruhmvollere, weil waffenlose Verteidigung der Stadt und auf seine Tapferkeit vor dem Feinde anwenden lassen, vor einem Feinde, dem sich der Priester in der Straßenschlucht der D.-Martin-Luther-Straße, *seinen Thermopylen,* mutig entgegenstellte."

(A.K., 1945)

10. Achte nicht meiner Tränen und Seufzer

Gebet des heiligen Franz von Sales

Herr, laß alle meine Hoffnungen und Erwartungen inbezug auf Menschen und Dinge dieser Erde zuschanden werden! Schlage mir unbarmherzig alles aus den Händen, reiße mir gewaltsam alles aus dem Herzen, was ein Götze sein oder werden könnte, alles was nicht Ewigkeitswert hat und achte nicht meiner Seufzer und meiner Tränen!

(von fremder Hand zierlich auf einen kleinen Zettel geschriebenes Gebet, das Dr. Maier pfleglich aufbewahrte; Fasz. 24, 384)

11. Um Deines Sterbens willen wird mancher leben

„Was hätte Dein Wort noch geleuchtet und gezündet! Wie vielen wärest Du noch die Freude im Leben geworden! Wie viele hättest Du noch dem Herrn gerettet! - Wie [be]neid' ich Dich, Du treuer Freund!

Der Herr hat Dein Opfer angenommen und Du bist daheim, in der Herrlichkeit des Vaters. Und um Deines Sterbens willen wird mancher ewig leben."

Regensburger Bistumsblatt, 27. 4. 1947, S. 3, „Sein Leben hingegeben für die Freunde." Ohne Verfasserangabe, höchstwahrscheinlich von Dr. Martin Deubzer.

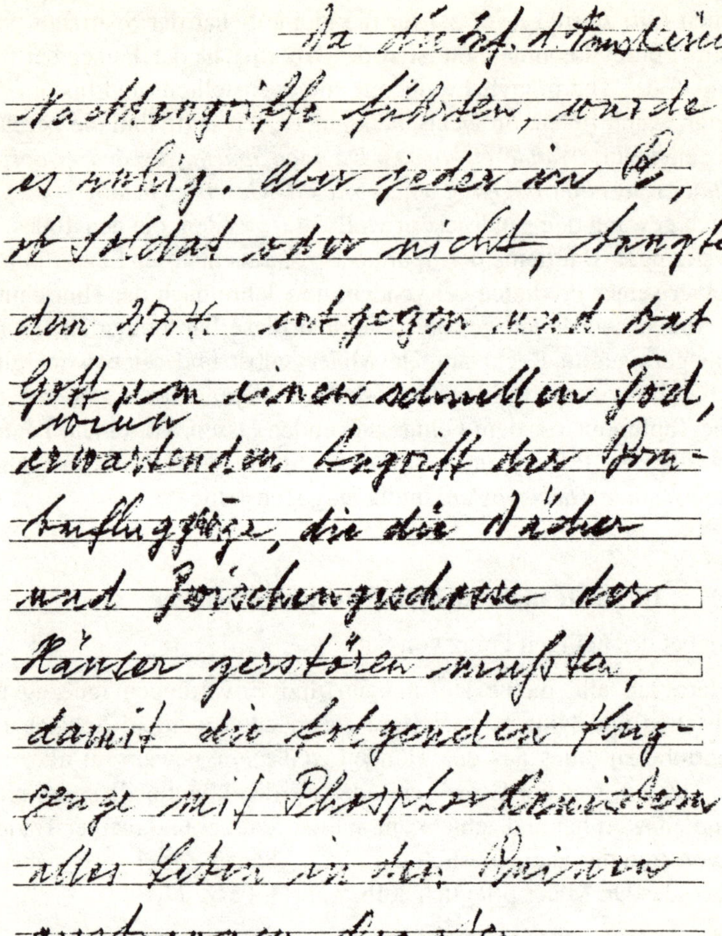

Da die Inf. d. Amis keine
Nachtangriffe führten, wurde
es ruhig. Aber jeder in R.,
ob Soldat oder nicht, bangte
dem 27.4. entgegen und bat
Gott um einen schnellen Tod, wenn
erwartenden Angriff der Bom-
benflugzeuge, die die Dächer
und Zwischengeschosse der
Häuser zerstören mußten,
damit die folgenden Flug-
zeuge mit Phosphorkanistern
alles Leben in den Ruinen
ausbrennen konnten.

Die Ruhe vor dem Sturm

„Da die Inf[anteristen] der Amis keine Nachtangriffe führten, wurde es [am Abend des 26. 4. 45] ruhig. Aber jeder in R[egensburg], ob Soldat oder nicht, bangte dem 27. 4. [1945] entgegen und bat Gott um einen schnellen Tod, wenn [die zu] erwartenden Angriff[e] der Bomberflugzeuge, die die Dächer und Zwischengeschosse der Häuser zerstören mußten, damit die folgenden Flugzeuge mit Phosphorkanistern alles Leben in den Ruinen ausbrennen konnten."

(Bleistiftgeschriebene Erinnerungsskizze des stellvertretenden Kampfkommandanten Major Robert Bürger [1914 - 1992] etwa aus dem Jahre 1987, die er mir in Ablichtung überlassen hat.)

I. Die Rettung Regensburgs eine Fügung - oder der Wehrmachtsmajor und der Soldat Christi

1. Robert Bürgers Würdigung des Opfergangs von Dr. J. Maier

Der damalige Major und spätere Oberst R. Bürger war erst ab dem 24. April 1945 zum stellvertretenden Kampfkommandanten für Regensburg ernannt worden. Nach dem Krieg erforschte R. Bürger maßgeblich die Zusammenhänge, die zur Rettung Regensburgs führten, und der nahkampferprobte Soldat gelangte dabei zu einer zutiefst verehrungsvollen Würdigung des Dompredigers (und einer vorbehaltlosen Anerkennung des Verhaltens von Bischof M. Buchberger).

R. Bürger, der später als Militärhistoriker die Rettung Regensburgs auf rein militärische Gründe zurückführte, betrachtete die Verschonung der Stadt dennoch als *„Wunder“*. R. Bürger war der Überzeugung: *„Es gibt* [bei der Rettung Regensburgs] *so viele Fügungen, daß, wenn man die Geschichte der wunderbaren Verschonung Regensburgs erfinden würde, diese als ‘kitschig’ gelten würde.“* Sein Urteil über Dr. Maier lautet: *„Er war ein Held und ein Mensch absoluter Größe.“*[9]

2. Fügungen[10]

Als *„kitschige“* Fügungen im Sinne der Vorsehung galten für Bürger:

1. Der „unwahrscheinliche“ Befehl des Oberkommandos, die Stadt am 27. 4. 1945 bis 3.30 Uhr morgens in letzter Minute freizugeben. Der Abschluß des Abzugs der deutschen Truppen und der geplante, in einer Vorstufe bereits begonnene US-Großangriff klaffen nur wenige Stunden auseinander.

2. Die „unwahrscheinliche“ Orstkenntnis R.Bürgers inbezug auf den Fluchtweg durch den US-Einkesselungsring im Süden, die ihn selbst zum Werkzeug der Rettung macht.

3. Der unterlassene Einsatz der 6000 Tonnen Giftgasmunition, die in [84069] Schierling lagerte.[10A]

Ich füge noch 3 eigene Beobachtungen hinzu:

4. Fast auf die Stunde genau, als Dr. Maier zur Versammlung geht, kommt R. Bürger „zufällig“ auf einer Durchreise nach Regensburg und bietet aus eigenem Antrieb dem 1. Kampfkommandanten seine

Hilfe an, und fast auf die Stunde genau, als Dr. Maier zum Tode verurteilt und hingerichtet wird, erfolgt R. Bürgers Ernennung zum stellvertretenden Kampfkommandanten.

5. Alle an der Rettung Regensburgs Beteiligten waren gläubige Christen. R. Bürger, der einzige tiefgläubige evangelische Christ, hatte buchstäblich die Bibel im Tornister.

6. Vielleicht haben die US-Truppen doch von der Hinrichtung des Dompredigers Dr. Maier erfahren und etwas zugewartet. Beachtlich ist folgender Bericht:

„Daß das amerikanische Luftgeschwader bereits aufgetankt bereitgestanden hat für den Angriff, haben zwei leitende Offiziere Fräulein Schubert, der Haushälterin [Dr.M.s] gegenüber bestätigt.

Als sie hörten, was in dieser Nacht dort in Regensburg geschehen war, wurde das Unternehmen ab'gestoppt'; [vermutlich so zu lesen], weil man ein solches Opfer nicht frustrieren konnte."

(Prälat Ludwig Spießl, kurzschriftliche Notizen im Anschluß an ein Tischgespräch in Marklkofen, 20. 4. 1975; Privatarchiv L. Spießl, 93155 Hemau, 1995; Übertragung durch A.K.)

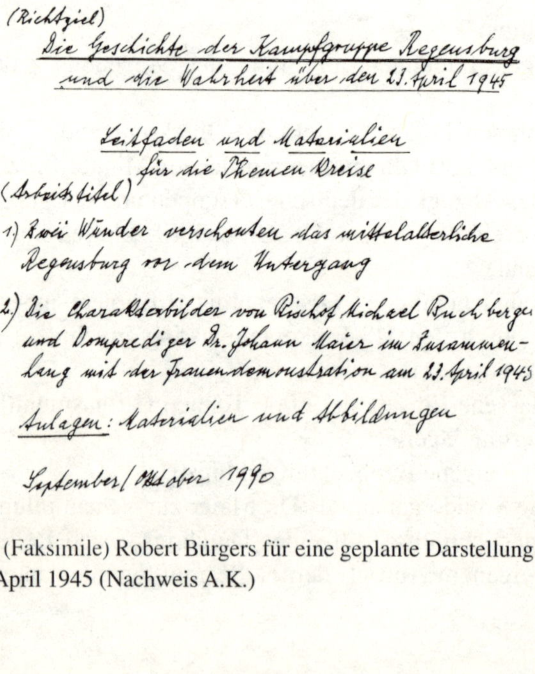
(Richtziel)
Die Geschichte der Kampfgruppe Regensburg
und die Wahrheit über den 23. April 1945

Leitfaden und Materialien
für die Themenkreise
(Arbeitstitel)

1.) Zwei Wunder verschonten das mittelalterliche Regensburg vor dem Untergang

2.) Die Charakterbilder von Bischof Michael Buchberger und Domprediger Dr. Johann Maier im Zusammenhang mit der Frauendemonstration am 23. April 1945

Anlagen: Materialien und Abbildungen

September/Oktober 1990

Entwurf (Faksimile) Robert Bürgers für eine geplante Darstellung der Ereignisse des 23.-24. April 1945 (Nachweis A.K.)

VII. Urteile der Nachwelt

1. Späte „Erkenntnis"arbeit der einst Verblendeten

Landgerichtsdirektor Josef Schwarz, der Dr. Maier zum Tode verurteilte, sagte am 6.2.1948 in seinem Schlußwort in später Selbsterkenntnis: „[. . . ,] Sie werden mir glauben, daß ich aufgrund der mir seit meiner Verhaftung gewordenen Erkenntnisse den Tod von Dr. Maier tief bedauere, [. . .] daß ich tief beschämt bin, [. . .]"

NS-Gauleiter Ludwig Ruckdeschel bekundete: „Dr. Maier und Zirkl sind inzwischen durch die Ereignisse längst gerechtfertigt. [. . .] Dem Bild dieses Mannes erweist man keinen Gefallen, wenn man es verkleinert. [. . . ,] daß ich einmal geglaubt habe, gerecht gehandelt zu haben und daß ich heute feststellen muß, falsch gehandelt zu haben, das ist die bitterste Erfahrung, die man je machen kann."

(Beide Aussagen – neben anderen – habe ich selbst am 6. 2. 1948 während des 1. Dr.-J.-Maier-Prozesses in Regensburg stenographisch aufgenommen.)

2. Domprediger Dr. Maier zum Gedenken: Sein Wachsen und Reifen

gesprochen von [B]GR Ludwig Spießl (Wiefelsdorf)
bei der 25-Jahrfeier [des Opfertodes von Dr.M.] am 24. 4. 1970 im Kolpingshaus Regensburg

„Exzellenzen! Meine Damen und Herren!

[. . .]

Angesichts der furchtbaren Bedrohung der ganzen Stadt durch die letzten Kriegsereignisse war ihm klar (Zerstörung von Dresden und Würzburg):

Hier war die Kirche gefordert in einer prominenten Persönlichkeit, sollte sie noch glaubwürdig sein können.

Und wenn dir das niemand abnimmt, dann mußt du es wagen als das Sprachrohr des Bischofs, hier der Kirche!

[Im Konzept der Ansprache heißt es: *„der Mund der Kirche.“*]

Er ging diesen Weg des Opfers mit klarem Bewußtsein, und das hebt es zur Heldengröße des Zeugnisses im Höchstmaß empor, stellt ihm aus das Reifezeugnis, den überraglichen Doktor-Grad in der Schule des Meisters, wie es auch die Gedenktafel im Dom festhält:

Eine größere Liebe hat keiner, als wenn er sein Leben hingibt für seine Freunde.“

(Quelle: Original der Rede, Privatarchiv Prälat Ludwig Spießl, 93155 Hemau, 1995)

3. Um Deines Sterbens willen wird mancher leben.

„Was hätte Dein Wort noch geleuchtet und gezündet! Wie vielen wärest Du noch die Wende im Leben geworden! Wie viele hättest Du noch dem Herrn gerettet! –

Wie [be]neid' ich Dich, Du treuer Freund! Der Herr hat Dein Opfer angenommen und Du bist daheim, in der Herrlichkeit des Vaters. Und um Deines Sterbens willen wird mancher ewig leben.“

(Regensburger Bistumsblatt, 27. 4. 1947, S. 3, *„Sein Leben hingegeben für die Freunde“*. Ohne Verfasserangabe, höchstwahrscheinlich von Domkapitular Dr. Martin Deubzer.)

VIII. Predigten Dr. J. Maiers

Letzte Dompredigt[11]

3. Sonntag nach Ostern, 22. April 1945

Am Sonntag, 22. April 1945, predigte Dr. Johann Maier ein letztes Mal im Dom. Die Predigt dürfte von den Armen Schulschwestern von Niedermünster kurzschriftlich aufgenommen und in die vorliegende maschinenschriftliche Fassung übertragen worden sein. Eine Ablichtung des Originals der Übertragung (1 Seite in DIN-A-4) findet sich in BZAR OA DP Maier 15.

Mit dieser Predigt neigt sich der Verkündigungsauftrag des Dompredigers seinem gewaltsamen Ende entgegen. Wie das Evangelium des Tages ist sie seine Abschiedsrede. Er sollte lediglich noch einmal am 23. April auf einer profanen Kanzel, einer Luftschutzlamelle in der D.-Martin-Luther-Straße, kurz das Wort ergreifen, um den Verzicht auf die Verteidigung der Stadt zu erreichen. Vermutlich wegen der durch den bevorstehenden Panzer- bzw. gegenwärtigen Fliegeralarm entstandenen Zeitnot, vielleicht auch, weil ihm schon bei der Vorbereitung der Predigt die Lesung des Tages in ganz besonderer Weise auf die kommende Bewährung anwendbar erschien, bezieht sich Dr. Maier in seiner kurzen Ansprache nicht auf das Sonntagsevangelium (Joh. 16,16-22: „Noch eine kleine Weile, und ihr werdet Mich nicht mehr sehen..., denn ich gehe zum Vater." *„Auch ihr habt jetzt Leid; aber ich werde euch wiedersehen; ..."),* sondern auf die Epistel. Da Dr. Maiers Predigt ganz auf dieser Lesung (1 Petr 2,11-19) des 3. Sonntags nach Ostern fußt, und sie geradezu wortwörtlich auf die Notsituation der Stadt anwendet, sei sie hier vorangestellt.

„Geliebte! Ich ermahne euch, die ihr Fremdlinge und Pilger seid, enthaltet euch der fleischlichen Lüste, die gegen die Seele streiten. Führt einen ehrbaren Wandel unter den Heiden, damit die, welche euch als Übeltäter verleumden, eure guten Werke sehen und Gott preisen am Tage der Heimsuchung [durch die Gnade]. Seid jeder menschlichen Obrigkeit untertan um Gottes willen: sei es dem König, als dem obersten Herrn, sei es den Statthaltern, die von ihm abgeordnet sind, die Übeltäter zu bestrafen und die Guten zu belohnen. Denn das ist

der Wille Gottes, daß ihr durch einen guten Wandel unwissende, törichte Menschen zum Schweigen bringet. Ihr seid ja frei, aber nicht um die Freiheit zum Deckmantel der Bosheit zu gebrauchen, sondern als Knechte Gottes. Achtet alle, liebet alle brüderlich; fürchtet Gott, ehret den König. Ihr Knechte, seid in aller Ehrfurcht den Herren untertan, nicht allein den gütigen und sanften, sondern auch den launenhaften; denn das ist Gnade: in Christus Jesus, unsrem Herrn.“

Zitiert aus: Anselm Schott, Das vollständige Römische Meßbuch, Freiburg, 1948, S. 542.

Dr. Maier stellte dem verblendeten „Evangelium“ der neuheidnischen NS-Führer die Ermahnungen des ersten Papstes gegenüber. Die Christen - und er reiht sich selbst an deren Spitze ein - sollen in der Stunde des Untergangs der öffentlichen Ordnung das Rechte tun und lieber den Tod wählen, als Unrecht begehen. Schwerste Gewissensbelastungen kommen auf die Christen und die NS-Machthaber zu.

Die kurze Predigt zeigt ein letztes Mal den Freimut und den gnadenhaft-heroischen *„Idealismus“* des Dompredigers, der seiner Zuhörerschaft - unter der sich zweifellos Gestapospitzel befunden haben müssen - und der Stadt Regensburg mit dieser Wegweisung sein Vermächtnis einer vorauseilenden todbereiten Nächstenliebe hinterlassen hat.

Ahnungsvoll schildern die bedeutungsschweren Worte dieser Predigt die dramatischen Ereignisse der nächsten zwei Tage und seinen eigenen Opfertod wie im Vorgriff ab, spiegeln vorab einen befürchteten geschichtlichen Ablauf, der in dieser Rede - die davon selbst ein Teil ist - vom Leuchtturm des Glaubens und der Theologie des Kreuzes aus bewertet wird. Es ist Dr. Maiers denkwürdigste Rede, in der der Kern seines priesterlichen Selbstverständnisses ein letztes Mal unbestreitbar klar zutage tritt.

[Der Text der Predigt lautet:]

„Weil es uns wegen des Alarms nur möglich gemacht ist, die Predigt bis zum Credo zu halten, sollen diese entscheidenden Worte dieser für unser Volk und Vaterland und unsere Stadt entscheidenden Stunde[1] Richtung sein und Wegweisung geben, wenn es auch nur ein paar Sätze sein können in ein paar Minuten.

Zwei Gedanken greife ich heraus für jeden an jeder Stelle in dieser Stunde:

Der erste Gedanke, den der erste Papst ausspricht, lautet: In der Stunde der Heimsuchung sollen alle Heiden[2] *erkennen, daß Ihr am Platze seid, daß Ihr für Ruhe und Ordnung sorgt, wenn alles andere zu zerbrechen scheint, wenn alle ihren Posten*[3] *verlassen möchten. Dort müßt Ihr stehen, um das Gute, das Rechte, die Wahrheit zu vertreten. Mache sich keiner vor, so sagt er, daß er als Freier ungebunden leben soll am Tag der Heimsuchung, - sondern es sollen andere, die bisher keine Ahnung hatten von dem, was an christlicher Güte und Kraft da ist, niederknien und den Vater preisen, der Euch diese Kraft und diesen Idealismus gab. - Dort*[4] *dürft Ihr nicht das Recht verlassen, dürft nicht Rache suchen, dürft nicht die Ungebundenheit tun, sondern es soll so werden, daß gerade die, welche die Rache*[5] *fürchten, das*[a] *Unrecht*[6] *tun, daß die dann sehen*[7] *und niederknien müssen, - weil wir Christen die allerersten sein müssen, um Ruhe und Frieden, Recht und Gnade ergehen zu lassen. Das ist der erste Gedanke in dieser heutigen Epistel.*

Der zweite Gedanke ist der unserer grundsätzlichen Einstellung zum Staat und zu seinen Führern[8]. *Fürchte Gott und ehre den König! Es gibt keine Gewalt außer von Gott; aber über ihr steht Gott. Fürchte Gott und tue niemals, was Unrecht ist; über jeder Gewalt steht Gott, den mußt Du fürchten. Lieber muß Dir Dein Kopf*[9] *feil sein als Unrecht tun - unter allen Umständen. Nicht das ist die Freiheit, daß wir Kinder Gottes uns verleiten lassen, das 2. zu übersehen: bis zum letzten Augenblick, immer und unter allen Umständen: Ehre den König und den, der von ihm gesandt!*

Eine entscheidendere Wegweisung könnten wir uns heute nicht wünschen aus dem Munde dessen, der das Fundament des Hauses Gottes ist, der die Schlüssel trägt, der bindet und löst und die Freiheit kündet. Wenn Du anders vorgehst, dann gehst Du einer neuen Knechtschaft entgegen, einer furchtbareren, der Knechtschaft des Teufels, der Lüge des Hauses; denn wer den Haß[10] *predigt, predigt die Knechtschaft für die, denen er predigt, und für sich selbst. Wer Liebe predigt, predigt die Wahrheit und Freiheit für die, denen er predigt, und für sich selber. Das ist wohlgefällig in Christus Jesus, unserm Herrn. - Ihm sei Ehre und Lob in den Tagen der Heimsuchung, so schreibt er, weil und inso-*

weit sie an uns sehen diese Kraft, diese männliche Kraft der Güte in der Verteidigung des Rechtes[11]*, in der Kraft des Dienstes am Menschen, in Wahrheit und Liebe. In dieser Meinung beten wir für unser Volk, für seine Führer, für unser Vaterland, für unsere Stadt und unsere Wehrmacht, für alle, alle, alle, die in diesen Tagen Schwerstes in ihrem Gewissen und nach außen*[12] *zu ertragen haben: Vater unser, ...“*

Anmerkungen zu Kapitel VII (DPr. 22.4.45)

1 Regensburg stand kurz vor der Einnahme [27.4.1945] durch die von Nordwesten her vorstoßende US-Armee.

2 Dr. Maier wiederholt das Wort „Heiden“ aus der Lesung, die Zuhörer beziehen es aber mühelos auf die Neuheiden, die Nationalsozialisten.

3 Am 24.4.1946 sagte mir Andreas Maier, der Vater des Dompredigers, die Familie habe ihn gedrängt, nach Marklkofen zu fliehen. Er habe dies aber entschieden zurückgewiesen.

4 Offenbar: „am Tag der Heimsuchung“, wenn die NS-Scheinordnung zerbricht, während womöglich die Feuerwalze der Bomberflugzeuge über die Stadt hinwegrollt.

5 Dr. Maier wagt sich hier weit vor: Die „Heiden“, „welche die Rache [der bisher Unterdrückten; und der Sieger] fürchten“, die „das Unrecht tun“, indem sie durch den Untergang der Stadt ihren eigenen Untergang ein paar Tage hinauszögern wollen, diese „Heiden“ sind die NS-Machthaber. Der Christ soll diesen Schuldigen gegenüber im und nach dem Zusammenbruch Gnade vor Recht ergehen lassen.

6 Wie Anm. 5.

a Wohl zu lesen: „[welche] das Unrecht tun.“

7 Landgerichtsdirektor Josef Schwarz, der Dr. Maier zum Tode verurteilte, sagte am 6.2.1948 in seinem Schlußwort in später Selbsterkenntnis: „[. . .,] Sie werden mir glauben, daß ich aufgrund der mir seit meiner Verhaftung gewordenen Erkenntnisse den Tod von Dr. Maier tief bedauere, [. . .] daß ich tief beschämt bin, [. . .].“ NS-Gauleiter Ludwig Ruckdeschel bekundete: „Dr. Maier und Zirkl sind inzwischen durch die Ereignisse längst gerechtfertigt. [. . .] Dem Bild dieses Mannes erweist man keinen Gefallen, wenn man es verkleinert. [. . .,] daß ich einmal geglaubt habe, gerecht gehandelt zu haben und daß ich heute feststellen muß, falsch gehandelt zu haben, das ist die bitterste Erfahrung, die man je machen kann.“
(Beide Aussagen - neben anderen - habe ich selbst am 6.2.1948 während der Gerichtsverhandlung in Regensburg stenographisch mitgeschrieben).

8 Dr. Maier vermeidet seiner Gewohnheit nach absichtsvoll das Wort Führer“ [Hitler], das ihm ein Greuel ist.

9 Hier bekundet Dr. Maier seine Todesbereitschaft. „Unrecht“ wäre es, die Rettung der Stadt in entscheidender Stunde nicht wagemutig zu versuchen. In einer Vielzahl von Äußerungen Dr. Maiers seiner Familie und Vertrauten gegenüber, insbesondere seit dem Frühjahr 1945, hält er sein baldiges Blutzeugnis für möglich und bereitet seine Familie, besonders die Mutter, für diese Heimsuchung vor. In BZAR OA DP Maier 41 z.B. überliefert Dr. Maiers Schwester Maria Haltmayer u.a. ein Wort ihres Bruders von Anfang März 1945: „..., es kann sein, daß man sein eigenes Leben einsetzen muß.“ Der Domprediger hatte sich schon vor Jahren bei Dr. Ferdinand Haberl erkundigt, wie der Tod durch Erhängen eintritt. Vgl. Weikl, Sterne, 1963, S. 215.

10 Die zunächst geplante Verteidigung der Stadt in aussichtsloser Lage erwuchs ja aus dem fanatischen blindwütigen Haß gegen den militärischen Feind.

11 Die NS-Gefolgsleute sollen „an uns“, d.h. den Priestern und Laien, den Idealismus erkennen „in der Verteidigung des Rechtes“. Mitgemeint und deutlich hörbar wird die Grundtatsache, daß der zu einem Unrechtssystem gewordene Hitlerstaat eine todesmutige „Verteidung des Rechts“ den Christen geradezu auferlegt. Zudem hielt Dr. Maier die eschatologische Endzeit für möglicherweise gekommen. Hitler konnte demnach - wieder nur hypothetisch - derAntichrist sein, das Haupt eines Unrechtsstaates.

12 Äußerste Gewissensentscheidungen der Rechtschaffenen (umgekehrt auch der Kriegsverbrecher) stehen bevor. „nach außen“: Sofern kein Hörfehler: vielleicht „in ihrer äußeren Existenz“.

Lichtbild von Dr. Johann Maier, aufgenommen ca. 1944 durch Foto-Dallago, Regensburg, Neupfarrplatz (Bildnachweis BZAR)

IX. Dr.-J.-Maier-Reden

1. Rede anläßlich meiner Verabschiedung, Goethe-Gymnasium, 25.7.1990

(hier: der Dr. J. Maier gewidmete Teil dieser Rede von Anton Kormann)

Vorbemerkung

Der Leser möge es mir gestatten, diesem Erinnerungsbuch an Dr. Maier den Teil meiner Abschiedsrede einzufügen, die ich anläßlich meiner Versetzung in den Ruhestand nach 33 Jahren am Goethe-Gymnasium Regensburg gehalten habe.

Aus einer Art innerer Nötigung heraus wollte ich vor einer zahlreichen jungen Zuhörerschaft die Rettungstat Dr. Maiers in Erinnerung halten und ihm - auch als Fachlehrer für Geschichte - öffentlich meinen unwandelbaren Dank bekunden, den gerade auch ein Lehrer seinem früheren Lehrer schuldet.

Übrigens war vor der Verleihung des Namens „Goethe-Gymnasium“ Anfang der 60er Jahre auf meinen Vorschlag hin der Name „Dr.-Johann-Maier-Gymnasium“ in die engere Wahl gekommen, doch konnte sich diese Bezeichnung bei der Abstimmung im Lehrerkollegium leider nicht durchsetzen.

Rede, Goethe-Gymnasium, 25. Juli 1990

[...] Am Ende meiner Laufbahn als Pädagoge möchte ich eines meiner Lehrer gedenken, dem meine dankbare Verehrung zu bekunden mir ein Herzensanliegen ist, und dessen Lebensopfer es erheischt, ihn als Persönlichkeit der jüngeren Zeitgeschichte nicht in Vergessenheit geraten zu lassen.

Ich meine den Repetitor für Theologie am Priesterseminar, Domprediger und Religionslehrer Dr. Johann Maier, der uns Häuflein von 4 bis 6 versprengten Fünfzehnjährigen nach dem Verbot des Religionsunterrichts ab der 10. Klasse in der Sakristei von St. Anton zwei Jahre lang unterrichtete.

Mit Dr. Maier steht das herausragendste der 18 Regensburger Mordopfer der Hitlerzeit vor uns. In ihm darf sich Regensburg gleichsam seines Stauffenberg, seiner Geschwister Scholl rühmen, nur mit dem Unterschied: Statt eine Bombe einzuschleusen, nahm er sein

Sterbekreuz mit zur öffentlichen Bittdemonstration für die Freigabe der Stadt.

Anstelle heimlich geworfener Flugblätter redete er denen, die das verbogene Kreuz mit Heilrufen anbeteten, mit offenem Visier ins Gewissen.

Er ist derjenige meiner Lehrer, der mich in der knapp zugemessenen Zeit einer einzigen Religionsstunde pro Woche in 2 Jahren geprägt hat wie kein anderer.

Seine hochgespannte Selbstbemeisterung, sein aus lichtvollem Verstehen erwachsener demütiger Glaube, ebenso zeitwach wie unverbrüchlich kirchengehorsam, bleiben mir bis zur Stunde in allen Lebenslagen in verwertbarer Erinnerung.

Seine bedingungslose Ablehnung des apokalyptischen Hitlerzeitgeistes legten in mir ein stets einspruchsbereites Mißtrauen grund gegen die Diktatur des heutigen Zeitgeistes und die fahrlässigen Umwertungen auch unserer Weltstunde, wie sie sich etwa zeigen:

1. *in einem Freiheitsbegriff der Liebedienerei am eigenen eingeredeten Vorteil*
2. *in der daraus folgenden „Manie der Vergötzung von Nebensächlichkeiten"*
3. *in der verblendeten Verwechslung von Freude und Lust*
4. *in der Art, wie sich Eltern zu Blutrichtern aufwerfen, die über die Lebensmonate ihrer noch ungeborenen Kinder entscheiden.*

[...][1]; Anm. am Ende von Kapitel IX.

Ich kehre ganz kurz noch einmal zu Dr. Maier zurück. Als die Dutzendware des Tausendjährigen Reiches verworfen war, als sich genug rotes Blut auf dem *braunen* Boden der Kriegsgräber angesammelt hatte, sah ich mit eigenen Augen diesen meinen Lehrer am 24. April 1945 auf dem Dachauplatz entstellt am Galgen hängen. Hier hatte einer seine Glaubensunterweisung rückwirkend beglaubigt. Das hängte sich ein Leben lang bei mir ein. Dr. Maier hat in Lehre und Leiden Verwertbares hinterlassen.

Auch ich strebte an - obzwar mit der gebotenen Bescheidung und gehemmt durch eigene Begrenztheiten - den Schülern für die Herausforderungen des Berufs und den Härtetest des Lebens - es wäre vermessen, fortzufahren: auch des Todes - Verwertbares in den Schulranzen zu packen.

IX. Dr.-J.-Maier-Reden

2. Gedenkansprache für Domprediger Dr. phil. [Romanus] Johann Baptist Maier

gehalten von Stud.Dir. a.D. Anton Kormann am 24. April 1993, 20.00 Uhr, Dachauplatz Regensburg, im Rahmen eines Gedenkaktes des Katholischen Dekanatsrates Regensburg-Stadt

Die Ereignisse des 24. April 1945

Am Vormittag des 24. April 1945 stand ich als damals 17jähriger Soldat an der gleichen Stelle wie heute und wagte nur ungläubig auf das gleichsam in der Galgenschlinge hängende, im Todeskampf entstellte Haupt meines verehrten Religionslehrers Dr. Johann Maier zu blicken.

Seine leichtgeöffneten Lippen umschlossen die aufgequollene sichtbare Zunge, die verfärbten Hände des 38jährigen Priesters wiesen noch am Galgen die mir von seinen Glaubensstunden her so bekannte eigentümliche Fingerstellung auf.

Glaubensstunden, Predigten

In der Sakristei von St. Anton hatte er - wie auch in anderen Pfarreien - , zwei Armlängen vor uns hinter einem Holztisch sitzend, seit 1943 zwei Schuljahre lang für meist nur etwa 5 Gymnasiasten einmal wöchentlich am Spätnachmittag Glaubensstunden erteilt. Für meine Altersstufe war nämlich der Religionsunterricht am damaligen Neuen Gymnasium - wohl als gefährliches Opium für die Jugend eines Herrenvolkes - unterbunden worden.

So führte mich diese kirchenfeindliche Verfügung in den Bannkreis eines mit hohen Geistes- und Gnadengaben ausstrahlenden Priesters, der einer ganzen Generation von Schülern und Schülerinnen in spannungs- und zweifelreichen Jugendjahren die Scheidewege in dunkler Kriegszeit zeigte, eines Dompredigers, der Scharen von Zuhörern seiner jeweils zwei freiformulierten Sonntagspredigten in seinen nachhaltigen Bann zog.

Seine stumme Predigt

Seine eindringlichste Predigt indes war sein Tod am Galgen, durch den die Vollmacht seiner früheren Glaubensverkündigung rückwirkend eine unwiderrufliche Beglaubigung erfuhr.

Diese stumme Predigt seiner toten Zunge hat mich - mit vielen anderen - noch um einen Grad unanfälliger gemacht angesichts aller törichten und geistreichen Angriffe gegen die mir von ihm ans Herz gelegte katholische Kirche. Die durch Dr. Maier vermittelte Lebens- und Gottesweisheit der Kirche ist mir in ausnahmslos allen Lebenslagen eine verläßliche Wegweisung geblieben.

Totengedenken

Bevor ich aber aus der andrängenden Fülle der immerhin ein halbes Jahrhundert zurückliegenden, doch eindrucksstarken Erinnerungen stichpunktartig nur wenige Splitter zu einem flüchtigen Bild von seiner Persönlichkeit und deren Lebenszeugnis zusammenfüge, darf ich es nicht unterlassen, der beiden Männer ehrend zu gedenken, die Dr. Maiers Brüder im Glauben und Gefährten im Tode wurden und deren Blutopfer auch dieser Gedenkstein festhält:

des 46jährigen Hauptwachtmeisters Michael Lottner
und des 70jährigen Lagerarbeiters Josef Zirkl.

Geziemend, ja unabdingbar ist es auch, der wohl mehr als 250 hilflos hingemordeten Blutopfer der Regensburger Jüdischen Gemeinde in würgender Scham zu gedenken, der Opfer, die diese Gemeinde - ohne Aufschrei aus unserer Mitte - anläßlich der schändlichen Zerstörung ihrer Synagoge 1938 und durch die herzzerreißenden Deportationen in die Vernichtungslager erlitten hat.

Ein ehrendes Gedenken gilt auch dem evangelischen Theologen und Pastor Dietrich Bonhoeffer, der, kurz vor seiner Hinrichtung, ins Regensburger Justizgefängnis eingeliefert wurde, bevor er am 09.04.1945 im KZ Flossenbürg am Galgen starb.[1]

Wie trat Dr. Maier jungen Menschen als Seelsorger entgegen?

Ansteckend war die lebensbejahende Ausstrahlung eines selbst spürbar im Abenteuer des Glaubens und in der Mühe und Gefahr des Glaubenszeugnisses stehenden hochgemuten Priesters, für den Sinnsuche im Leben und Lauheit unvereinbar waren.

Als mitreißend empfand jeder seine lichtvoll-bezwingende philosophische oder religiöse Beweisführung, der das Herz willig zustimmte; Lauterkeit sprach aus seinem Wesen und seinen Augen.

Gnadenhaft trat seine Begabung hervor, zögerlich Suchenden behutsam-liebevoll den befreienden, die innere Not wendenden Verzicht auf das hinhaltende Versteckspiel im eigenen Herzen zuzumuten.

Dr. Maier und der Widerstand gegen das NS-Regime

Statt einer unnötigen Beweisführung für seine Gegnerschaft zum Hitlergötzentum erwähne ich nur zwei Tatsachen.

Dr. Maier stand mit dem 1943 hingerichteten Münchener Philosophieprofessor Dr. Kurt Huber in Verbindung, dem geistigen Vater des Widerstandskreises um die ebenfalls hingerichteten Geschwister Scholl.

Er wagte immer wieder beherzte Worte. Etwa 1944 sagte er in unserem Unterricht:

„Die SS ist nicht nur nicht christlich, sondern nicht einmal germanisch; denn die Germanen haben ihre Feinde nicht getötet." Er meinte offensichtlich das Niedermachen von Gefangenen und die Ausrottung der Juden; und er fuhr fort: *„Das muß ich sagen, und wenn sie mich heute nacht noch abholen."*

Welche Antriebe bewegten Dr. Maier bei seinem Opfergang?

Hierzu nur eines von vielen gutverbürgten Zeugnissen:

Dr. Maier sagte am 20.04.1945 [auf der Steinernen Brücke] zu seiner Tante Mabilia Maier, einer Armen Schulschwester in Stadtamhof:

> *„Am liebsten würde ich alle die Verwundeten, die Frauen und Kinder und die alten Leute aus der Stadt hinausbringen und allein [hier] bleiben, um all das Furchtbare auf mich zu nehmen an ihrer Stelle."* [2]

Hat Dr. Maier Regensburg gerettet?

Der damalige stellvertretende Kampfkommandant von Regensburg, der spätere Oberst Robert Bürger, ein tiefgläubiger evangelischer Christ, hat nachgewiesen: die Stadt wurde aus militärischen Gründen freigegeben; trotzdem habe Gott, wie Bürger mir wiederholt versicherte, mit der - wörtlich - „wunderbaren" Rettung Regensburgs auf „krummen Linien gerade geschrieben".

Ehrfurchtsvoll urteilte Bürger über die Priestergestalt Dr. Maiers: *„Er war ein Held und ein Mensch absoluter Größe."*

Nachdenklich stimmen kann auch eine Mitteilung von Frau Greta Schubert, der Haushälterin Dr. Maiers, die sie 1952 mir gegenüber machte. Zwei US-Offiziere hätten sich unmittelbar nach der Einnahme der Stadt über Dr. Maier als Menschen erkundigt, Frau Schuberts Aussagen stenographisch festgehalten und bekundet, Männern wie Dr. Maier sei es zu verdanken, wenn Regensburg nicht das Schicksal Würzburgs erlitten habe.

Dr. Maier heute

Dr. Maier sagte einmal im letzten Kriegsjahr zu mir: „*Wie ich reden werde, wenn man einmal wieder frei reden darf!*"

Was würde er heute sagen? Wir haben gerade gehört, wie Dr. Maier - wenn es ihm nur möglich gewesen wäre - „*Frauen und Kinder*" „*aus der Stadt hinausbringen*" wollte:

Würde sich Dr. Maier - der stolz auf seine Mutter mit 14 Kindern war - nicht auch heute mannhaft vor tödlich bedrohte Kinder stellen? Ließe ihn heute vielleicht die jährlich erneute Tötung Hunderttausender ungeborener Kinder allein in Deutschland unberührt?

Dr. Maier, der „*kein stummer Hund*" sein wollte, der „*das Maul nicht aufgetan hat*", wie er mitunter sagte, fände heute vielleicht diese Worte:

„*Der Mutterschoß ist heute der lebensgefährlichste Ort der Welt, das allerunsicherste ‚Asylantenheim' für unschuldige, wehrlose ‚Einwanderer'. Ein Volk, das sich - unter Hitler oder heute - das Recht anmaßt, zwischen lebenswerten und lebensunwerten Kindern scharfrichterlich zu unterscheiden, begeht - wie die Kirche lehrt - ‚ein verabscheuungswürdiges Verbrechen'*[3]."

Dr. Maier und Abbild des Todes Christi

Der Domprediger wurde als Priester nach dem Herzen Christi gewürdigt, in der Christusnachfolge einen Tod zu erleiden, dessen Kreuzwegstationen denen seines Meisters zum Teil auffallend ähneln.

Hier wie dort ein heidnischer Richter, der aus Angst das Recht beugt.

Auch dieser Todgeweihte wird seiner Kleider beraubt. Er hängt zwischen zwei Gefährten, die in den Augen der damaligen Machthaber als Verbrecher galten.

Auch er hängt am Querbalken eines Holzkreuzes und erleidet, wie sein Vorbild, die ehrabschneidendste Art des Todes, und durch Ersticken.

Zudem verbleibt, wie damals, der Gerichtete, erhöht vor allem Volke, einen Tag lang als Schaustück der Abschreckung am Galgen.

Und wie damals brandmarkt ihn ein Aushängeschild, das die verlogen vorgeschobene Todesschuld plakatiert.

Zusammenfassung

Ich komme zum Ende und fasse zunächst zusammen: Dr. Maiers selbstloses, vorauseilendes Mitleiden führte ihn in die Todeszone der Nächstenliebe. Er gehört zu jenen über 60 % Regensburger Diözesangeistlichen, die sich NS-Straf- oder Mahnverfahren zuzogen, und zu den mindestens 169 deutschen katholischen Priestern, die ihr Glaubenszeugnis mit ihrem Blut besiegelten.[4]

Rückblick einer Schülerin[5]

Gestatten Sie mir abschließend noch die Verlesung weniger Zeilen eines unveröffentlichten Rückblicks einer ehemaligen Schülerin von Dr. Maier - und vielleicht sollten ehemalige Schüler ihre Erfahrungen zusammentragen und einmal veröffentlichen. Diese Schülerin schreibt:

> „Immer habe ich das glückliche Gesicht eines Pfarrers als Gottesbeweis empfunden, Dr. Maier war ein solcher.
>
> Gott muß sich vor allem an seinen Dienern bewähren als Realität.
>
> Seine Todesbereitschaft war schon immer das Kapital seiner Lebensfreude gewesen, und so erschienen mir auch seine Henker als bloße Büttel im Dienst an einem Gesamtschicksal, das nicht von ihnen stammte.“

Als sein ehemaliger Schüler verneige ich mich vor Dr. J. Maier:

Ehre und Dank gebühren ihm.

Anmerkungen zu Kapitel IX.1:

1 Dieser hier ausgelassene Gesichtspunkt lautet:

Gewähren Sie es mir, in letzterem Zusammenhang ein unabweisbares Herzensanliegen aufzugreifen. Wir halten pflichtgemäß alljährlich einen Verkehrsunterricht ab wegen der 9000 Verkehrstoten. Wann wird endlich ein alljährlicher Pflichtunterricht eingeführt wegen der 200 000 Nikotintoten? Wann wegen der 300 000 verfassungswidrigen Tötungen der ungeborenen Kinder?

Ich würde mich freuen, wenn Sie, verehrte Eltern, mir als einem hartnäckig das erprobte Überkommene bewahrenden, teilweise unzeitgemäßen Lehrer, wenn Sie mir ihre Kinder ohne Bedenken, vielleicht sogar mit offener Zustimmung, zur Ausbildung des Verstandes und zur Bildung des Herzens überlassen haben.

[Warum gibt es in allen Metropolen ein Grabmal des Unbekannten Soldaten, aber kein - noch sinnbeladeneres und noch notwendigeres - Grabmal des Unbekannten Ungeborenen?]

Anmerkungen zu Kapitel IX.2:

1 Unvergessen bleiben sollen auch die Opfer unter den NS-Arbeitssklaven des KZ-Außenlagers von Flossenbürg im „Colosseum“ von Regensburg-Stadtamhof.

2 BZAR Faszikel 41; Sr. Mabilia Maier war Handarbeitslehrerin. In A.P.-A. findet sich der Hinweis, das Gespräch habe auf der Steinernen Brücke stattgefunden.

3 Im Anschluß an die diesbezügliche Aussage des 2. Vatikanischen Konzils, GS 51: „Abortus necnon infanticidium nefanda sunt crimina.“ [vgl. auch Enzyklika Evangelium Vitae 58, 25.3.1995]

4 Ulrich von Hehl, Priester unter Hitlers Terror, Im Auftrag der Deutschen Bischofskonferenz, Matthias-Grünewald-Verlag Mainz, 1984, 1630 S., Seite LXXIX und LXXXIV.

5 Dr. phil. Irmengard Habbel

Anmerkungen zu den Kapiteln I-VI; VIII:

zum Inhaltsverzeichnis

1 Neuabdruck aus 8seitigem [vergriffenem] Gedenkblatt: „Dr. Johann Maier, Domprediger, zum Gedächtnis, 23. April 1945 - 23. April 1946", Verlag Josef Habbel, Office of Military Governement Information Control Division License No. US - E - 158. - Rotat.-Druck: Gebr. Habbel, GmbH, Regensburg; RM 0,20 [Pfennig]
Der Abdruck erfolgt im freundlichen Einvernehmen mit dem Verlag Friedrich Pustet, dem Rechtsnachfolger des Habbel-Verlages.

zu Kapitel III

2 DPr 22.4.1945

3 Eine von Dr. Maier benutzte Wendung

4 Ein Zitat aus einem Werk des französischen Dichters Georges Bernanos, das Dr.M. auf einem Zettel festhielt (Fasz. 19, 273)

5 DPr 22.4.1945

zu Kapitel IV

6 Der Beitrag erscheint gekürzt auch im Katalog für die Dr.-J.-Maier-Ausstellung in Regensburg (April 1995); die Übernahme in dieses Buch erfolgt mit freundlicher Zustimmung des Direktors des BZAR Regensburg, Dr. Paul Mai.

7 Ps 91,2, Introitus, Fest der Geburt des hl. Johannes des Täufers, 24. Juni.

zu Kapitel V

1 siehe 1 (vgl. Inhaltsverzeichnis)

zu Kapitel VI

8 aus: Ernst Frankenberger, Gottbekennntnisse großer Naturforscher, Leutesdorf, o. J. (ca. 1980), S. 15

9 R. Bürger, (10.4.1914 - 25.2.1992 Nittendorf), mit dem ich seit 1984 in regem mündlichem und schriftlichem Austausch stand, fällte mir gegenüber mündlich und schriftlich diese Urteile.

10 Aus Platzgründen ist eine Darlegung der Einzelheiten nicht möglich.
In Kürze nur dies:
Die Soziologin und Mitarbeiterin General Eisenhowers, Benedicta Maria Kempner, berichtet in ihrem Buche „Priester vor Hitlers Tribunalen" (1966, S. 268), der US-Rundfunk habe am 24. 4. 1995 die Hinrichtung gemeldet; sie bringt aber keine Belege hierfür.

10A vgl. Mittelbayerische Zeitung, 4.-5.3.1995, Land-Umschau [Schierling]

zu Kapitel VIII

11 Diese Predigt stellt einen Bestandteil der Auswahl von 6 Predigten Dr. Maiers dar, die ich für den Katalog der Dr.-J.-Maier-Ausstellung (April 1995 im BZAR) ediert und kommentiert habe. Für die Erlaubnis des Abdrucks danke ich dem Direktor des BZAR Dr. Paul Mai.

XI. Personen- und Sachregister

Die Namen der Zeugen stehen *kursiv*